D1726367

Birgit Kofler • Kinderlos, na und?

Birgit Kofler

KINDERLOS, NA UND?

Kein Baby an Bord

Orac
WIEN · MUENCHEN · ZUERICH

DIE AUTORIN

Dr. Birgit Kofler, gebürtige Tirolerin, arbeitet als Kommunikationsberaterin im Gesundheitsbereich, Medizinjournalistin und Buchautorin in Wien. Nach dem Studium von Rechts- und Politikwissenschaften in Innsbruck und Paris war sie von 1988 bis 1990 Mitarbeiterin der Unesco in Paris, von 1990 bis 1994 im diplomatischen Dienst, unter anderem bei der österreichischen UN-Vertretung in New York. Von 1994 bis 1996 war sie Kabinettchefin im österreichischen Gesundheitsministerium und gründete anschließend mit ihrem Partner Roland Bettschart B&K – Bettschart & Kofler Medien- und Kommunikationsberatung, ein auf Gesundheits-, Medizin- und Wissenschaftskommunikation spezialisiertes Unternehmen.

www.kremayr-scheriau.at

ISBN 3-7015-0484-9
Copyright © 2006 by Buchverlage Kremayr & Scheriau/Orac, Wien
Alle Rechte vorbehalten
Einbandgestaltung: Media & Grafik, Wien
Unter Verwendung eines Fotos von CORBIS
Satz: Media & Grafik, Wien
Druck und Bindung: Druckerei Theiss GmbH, St. Stefan im Lavanttal

Inhalt

Vorab vielen Dank

Viele haben mit ihren Ideen, mit ihrer Geduld und damit, dass sie immer wieder zur Verfügung standen, wenn ich Themen rund um die Kinderlosigkeit diskutiert habe, zur Entstehung dieses Buchs beigetragen. Seid mir nicht böse, liebe FreundInnen, wenn ich nicht alle erwähnen kann.

Einigen Personen möchte ich für ihre Hilfe und Unterstützung aber ganz besonders danken: Allen voran den vielen tollen Frauen, die sich die Zeit genommen haben, mir für Interviews zur Verfügung zu stehen. Von ihren Erfahrungen, Geschichten und Ratschlägen lebt dieses Buch und ich verdanke dieser Gesprächsserie darüber hinaus schöne neue Freundschaften.

Und einige andere müssen erwähnt sein: Katrin Friedl-Kofler, freie Journalistin, zweifache Mutter und meine Schwester, die mich nicht nur bei der Organisation und den Recherchen massiv unterstützt hat, sondern in vielen Gesprächen auch dafür gesorgt hat, dass ich die Mütter-Perspektive nicht aus den Augen verliere.

Ebenso herzlichen Dank an Barbara Köszegi vom Verlag Orac/K&S, die sich engagiert und liebevoll um den Fortgang des Buches gekümmert hat und nie nervös wurde – auch wenn wir zum ersten Mal zusammengearbeitet haben und sie noch nicht wissen konnte, dass ich meine Manuskripte immer abgebe.

Und natürlich liebevollen Dank an Roland Bettschart, der, wie immer, wenn ich in derartigen Projekten stecke, mit ei-

9

ner gewissen Eindimensionalität meiner Gedankenwelt leben musste und mit dem ich viele Ideen und Überlegungen gewälzt habe, bis sie präzise genug waren, um niedergeschrieben werden zu können. Und mit dem ich dieses Leben als Frau ohne Kinder, aber mit seinen beiden wunderbaren Söhnen Nicholas und Rafael, jetzt schon viele Jahre glücklich führe.

Wien, im Februar 2006
Birgit Kofler

Worum es geht

Um es vorweg einmal gleich klarzustellen: Einige meiner besten Freundinnen sind Mütter. Und nicht zuletzt die waren mit verantwortlich dafür, mich auf die Idee für dieses Buch zu bringen.

Zum Beispiel unsere Freundin Gretchen, als sie nach einem wunderbaren Abendessen versonnen meiner Mischlingshündin Rosa über den Kopf strich und „good choice" murmelte – Gretchen ist Amerikanerin. Während ich, ganz Hundeexpertin, anhob, ihre Aussage durch die unzähligen Erkenntnisse der Hundeforschung über die Vorzüge von Mischlingshunden gegenüber reinrassigen Vierbeinern zu bekräftigen, winkte sie lässig ab: „Nein, das meine ich nicht. Ich meine, dass du Hunde hast und keine Kinder."

Ich war sprachlos. Ausgerechnet die mehrfach bekinderte Gretchen, die ich immer für das perfekte, glückliche Muttertier gehalten hatte, beneidet mich? Wahrscheinlich nicht auf Schritt und Tritt, aber an diesem Abend war es so. Und sei es einfach, weil sie gerne noch länger geblieben wäre, um mit uns weiter über die Zukunft der Medien, die Göttin und die Welt zu philosophieren, statt Schlag Mitternacht die Babysitterin abzulösen.

Gretchen verblüffte mich. Sie war die erste Mutter, die sich mir gegenüber je zu einer solchen Aussage hinreißen ließ. Gewohnt ist unsereine als Kinderlose da schon andere Kommentare, zum Beispiel: „Kinder sind doch etwas

Wunderbares", in einer Mischung aus Autosuggestion und Mitleid vorgetragen. Oder: „Du wirst sehen, das wird schon noch. Deine biologische Uhr meldet sich auch."

Weil einer weit verbreiteten Haltung zufolge die natürliche Bestimmung der Frau immer noch in der Aufzucht des Nachwuchses besteht, müssen Kinderlose häufig die Mutmaßung über sich ergehen lassen, dass ihnen doch sicher etwas abgeht.

Warum dieses Buch?

Viele von uns kinderlosen Frauen haben es satt, dass unsere Entscheidung, so zu leben, wie wir leben, auf Schritt und Tritt hinterfragt, wenn nicht überhaupt in Frage gestellt wird. Wir sind Frauen, die weder zähneknirschend wegen der Karriere auf etwas verzichtet haben, das wir eigentlich so gerne gehabt hätten, noch sind wir arm und einsam. Mit uns ist auch alles in Ordnung. Wir haben uns nur einfach entschieden, anders zu leben, als das oft gefordert wird.

Und deshalb habe ich auch dieses Buch geschrieben: Weil ich selbst keine eigenen Kinder habe, bewusst und aus freien Stücken. Weil viele meiner Freundinnen, Bekannten und Kooperationspartnerinnen freiwillig kinderlos sind. Weil es so viele von uns gibt – und wir trotzdem einer scheel und mit großer Skepsis betrachteten Minorität anzugehören scheinen. Weil wir im besten Fall bemitleidet werden, im schlechteren für egoistisch und karrieregeil gelten und in jedem Fall für den Untergang des westlichen Pensionssystems verantwortlich sein sollen – bloß weil wir unserer angeblich natürlich vorgegeben Reproduktionsaufgabe nicht nachkommen. Und weil ich überzeugt davon bin, dass wir einmal zeigen müssen: Es ist wunderbar, zu leben, wie wir das tun. Es hat viele Reize, wenn schlaflose Nächte angenehmere Ursachen haben als unruhigen Nachwuchs. Es ist wunderbar, nicht zwischen Kinderkrippe, Babysitter und

Oma jonglieren zu müssen, wenn eine Sitzung einmal länger dauert – Arbeit ist so schon anstrengend genug.

„Wie geht es?" „Danke, so gut wie die anderen wollen." Das ist ein alter, ironischer Wiener Gruß. So schlecht passt er gar nicht für kinderlose Frauen. Es ginge uns ziemlich gut, wenn nicht ständig dieser Druck da wäre, unser Leben ohne Nachwuchs zu rechtfertigen, und wenn nicht so viele andere uns einreden wollten, dass frau ohne eigene Sprösslinge nicht glücklich sein kann. Diese Haltung ist nicht nur eine althergebrachte Tradition, sie ist auch Teil des modernen Zeitgeistes: Er pfeift auf Emanzipation und soziale Absicherung und fordert unter anderem wieder, sich die Altersvorsorge über Kinder zu organisieren.

Was Frauen erzählen

Dieses Buch beleuchtet das Leben von Frauen ohne Baby an Bord von vielen Seiten. Viele gewählt und gewollt Kinderlose, darunter auch prominente Frauen wie die Schauspielerin und Kabarettistin Andrea Händler, Operndiva Birgit Sarata, Chansonniere Heilwig Pfanzelter oder Moderatorin Jenny Pippal, beschreiben die Motive für ihre Lebensstilentscheidung, erzählen über ihren geglückten beruflichen und privaten Alltag, räumen mit Vorurteilen wie der angeblichen Einsamkeit, der vermeintlichen späten Reue, dem vorgeblichen Egoismus oder dem behaupteten Fehlen einer wichtigen Erfahrung auf, erzählen, wie sie sich um anderer Leute Kinder kümmern und machen deutlich, wie glücklich ein Leben ohne Nachwuchs sein kann. Expertinnen wie die Psychotherapeutin Gerti Senger oder die Wissenschaftlerin Elisabeth Beck-Gernsheim analysieren Hintergründe zur gewollten Kinderlosigkeit und nehmen das Konzept von Kleinfamilie und perfekter Mutterschaft unter die Lupe, das historisch gesehen viel jünger ist als oft vermutet.

Anhand von Zahlen, Fakten und Ländervergleichen gehe ich aktuellen Fragen nach, die nicht nur die Frauen selbst beschäftigen, sondern auch die familienpolitische Debatte prägen: Etwa, warum es in Sachen Kinderlosigkeit ein so massives Sozial- und Bildungsgefälle gibt, ob finanzielle Anreize oder mehr Kinderbetreuungsplätze den Kinderwunsch befördern können oder was es für die Volkswirtschaft bedeuten würde, wenn wir uns plötzlich alle für Nachwuchs entscheiden würden, oder warum es nur gute, subjektive Gründe für oder gegen eigenen Nachwuchs gibt, aber keine allgemeingültigen, objektiven Argumente.

Jeder das ihre

Frauen wie wir haben sich für einen bestimmten Lebensstil entschieden – nämlich einen ohne eigene Kinder. Und im Gegensatz zur verbreiteten Erwartung brechen wir nicht in Tränen darüber aus, wenn wir jenseits der 45 sind und nicht mehr viel daran ändern können. Wir stehen zu unserer Entscheidung und sind glücklich damit. Allerdings ist es dann auch durchaus legitim und vernünftig, von Eltern zu erwarten, dass sie zu ihrer eigenen Lebensstilentscheidung stehen und aufhören, sich über angebliche Benachteiligungen und Belastungen zu beschweren.

Bekinderte und Kinderlose sollten einander nicht die jeweils andere Lebensart aufdrängen oder schmackhaft zu machen versuchen. Toleranz ist gefragt: Unterschiedliche Lebensformen haben ihre Berechtigung und ihre guten Gründe, keine ist natürlicher, normaler oder vernünftiger. Doch so weit sind wir noch lange nicht. Denn wenn es ums Gebären geht, ist in unserer Gesellschaft ziemlich schnell einmal die Rationalität in Gefahr. Deshalb ist das Buch auch ein Plädoyer für die Wahlfreiheit, gegen Kult und Kitsch und für eine sorgfältige Auseinandersetzung mit der Realität vielfältiger Frauen-Lebensmodelle.

Gegenläufige Trends: Babyboom oder Nachwuchsverweigerung?

Widersprüchlich rauscht es im Blätterwald. Einerseits werden die Medien wieder einmal nicht müde, Politiker und Demografen zu zitieren, die die mangelnde Nachwuchsproduktion beklagen, was zumindest zu Problemen in der Pensionsfinanzierung, wenn nicht überhaupt zum Aussterben der europäischen Nationen führen werde. Dramatische Schlagzeilen warnen uns: „Zehn Thesen zum Verschwinden der Deutschen" stellte die *Süddeutsche Zeitung* auf, ein „Volk ohne Zukunft" wollte der *Stern* ausmachen, ein „Land ohne Leute" sah *Die Zeit* schon am Horizont.

Und andererseits wollen die Medien auch ausgemacht haben, dass Familie und Nachwuchs wieder in sind und Mutterschaft gerade sehr modern. Zur Bestätigung des angeblichen Trends zeigen dann auch Models, Schauspielerinnen, Fernsehmoderatorinnen und Politikerinnen stolz den Babybauch vor der Kamera – und halten uns via Interview schon lange, bevor der Bauch überhaupt sichtbar ist, über Details zu ihrer Frühschwangerschaft auf dem Laufenden.

Was stimmt nun also, fragt man sich ratlos nach derart divergenter Lektüre. Tatsache ist, dass in den meisten europäischen Ländern die Geburtraten zurückgegangen sind und zurückgehen. Allerdings ist das keine wirkliche Neuigkeit, denn diese Tendenz lässt sich spätestens seit den 70er Jahren des 20. Jahrhunderts beobachten. In Deutschland und Österreich etwa hat sich die Fertilitätsrate, also die Zahl der Kinder pro Frau, inzwischen unter 1,5 eingependelt, im EU-Durchschnitt liegt sie bei 1,48 – und damit überall in unseren Breiten deutlich unter jenem Wert, den Demografen als die so genannte Reproduktionsrate bezeichnen: Also unter den 2,1 Kindern pro Frau, die ohne Einwanderung für Bevölkerungswachstum sorgen würden.

Wenn uns nun also gleichzeitig die Mode-Mütter vorgeführt werden, hat das weniger mit der Wiedergabe eines real existierenden Trends zu mehr Kindern zu tun, sondern klingt schon fast nach einer Beschwörung, uns Prominente zum Vorbild zu nehmen und damit endlich etwas gegen das Aussterben des Abendlandes zu tun.

„In der Statistik sinken die Geburtenzahlen in der westlichen Welt. In den Medien kriegen wir Frauen mit dicken Bäuchen um die Ohren gehauen", kommentierte Alice Schwarzer in einem Interview mit der Zeitschrift *News* das Phänomen. „Meine kluge Kollegin Susan Faludi hat gesagt, Trendstorys sind moderne Predigten. Die Medien schreiben nicht, was ist, sondern was sie gerne hätten."

Weil der altmodische Diskurs von der „Familie als Keimzelle der Gesellschaft" und der „natürlichen Bestimmung der Frau als Mutter" in breiten Kreisen denn doch nicht mehr so richtig zieht, brauchen wir offenbar einen modernen Mutterkult, der Kinderkriegen zu etwas besonders Schickem stilisiert. Die prominenten Babybäuche sollen auch den Eindruck vermitteln, Kinder zu kriegen liege wieder voll im Trend. Und kinderlose Frauen müssen folgerichtig mit dem Makel leben, keine richtigen und schon gar keine modernen Frauen zu sein.

Der neue Mutter-Kult

Mutterschaft gehört offensichtlich auch zu Beginn des 21. Jahrhunderts immer noch zu den unumstößlichen Säulen dieser Gesellschaft wie der Männerbund und das beharrliche Festhalten an einem Kernfamilienideal, das längst nur mehr eine Minderheit lebt. Oder vielleicht nicht immer noch, sondern wieder einmal: Denn etwas ist neu an der zeitgeistigen Beschwörung des Mutes zur Nachwuchsproduktion. Der aktuelle Mutter-Kult, dem wir begegnen, lässt sich nicht so leicht als überkommene Tradition entlarven, denn nur mehr selten kommt er in plumper Mutterkreuz-Romantik daher – wobei auch hier Ausnahmen die Regel bestätigen. Er produziert ganz neue, scheinbar moderne Mutterbilder.

„Der Deutschen Lieblingswahn ist zurzeit das Kind, genauer, der gnadenlose Wille zu eigenem Fleisch und Blut", schrieb *TAZ*-Chefredakteurin Bascha Mika in einem ihrer wohltuend präzisen Kommentare. „Damit stehen sie nicht alleine da. Die eigenen Gene auf Teufel komm raus zu reproduzieren grassiert als fixe Idee in vielen westlichen Ländern. Das Kind als Heilmacher des Lebens. Von den Medien gepusht, von den Politikern benutzt, von konservativen Familienideologen gefeiert, von der Reproduktionsmedizin kommerzialisiert."

Aus dieser allgegenwärtigen Begeisterung schöpfen ganz bestimmte Gruppen neuer Mütter ihr offenbar grenzenloses Selbstvertrauen. Nämlich jene Modemütter, die nerven – und das wahrscheinlich nicht nur uns Kinderlose.

Zeitgeistige Unangreifbarkeit

Was an den neuen Kultmüttern besonders irritiert, ist die zur Schau getragene Kampfeslust, dass jedes Verhalten – das eigene und das des Nachwuchses – gerechtfertigt ist durch die höheren Weihen des Mutterseins. Emanzipation hin oder her: Ich bin Mutter.

Mit ein Hintergrund für den modernen Trend zu dieser Art von Muttertum: Das Wertesystem löst sich auf, die neue Frauenrolle ist offenbar einmal mehr unklar. Es ist nicht mehr die alte, passive, duldende. Aber auch nicht mehr die der weiblichen Unabhängigkeit, für die mittlerweile Generationen von Feministinnen gekämpft haben. Oder, wie es die Journalistin Doris Knecht – selbst übrigens Mutter von Zwillingen – in einem Kommentar im Magazin *profil* so schön sagte: „Wo sind wir angekommen? Wofür haben wir rebelliert, studiert, sexuelle und zwischenmenschliche Möglichkeiten probiert und debattiert, mit diversen Suchtmitteln experimentiert, Ausbildungen absolviert – um am Ende doch wieder Doris Day zu werden?"

Heraus kommt in diesem Prozess der Vermischung von Tradition und Mode offenbar für ein bestimmtes Segment von Frauen ein neuer Status – und der hat null mit Emanzipation zu tun: Kinderhaben vermischt sich mit modernem Anspruchsdenken, vom Zeitgeist ordentlich angeheizt: Ich gebäre, ich kann deshalb nicht arbeiten, ich habe einen Versorgungsanspruch und vor allem bin ich unangreifbar. Und mein angeblicher Verzicht auf eine Karriere ist auch noch eine Investition in die Zukunft des Landes. „Unter dem schicken Tarnkleid einer aufgeschlossenen, jugendlich daherkommenden Lebenseinstellung im Einklang mit der Natur kehrt hier eine erzkonservative Vorstellung von der natürlichen Mutterbestimmung der Frau zurück", beschrieb die französische Philosophin Elisabeth Badinter im Weltwoche-Interview diese Rückkehr des Mutterkults.

Apropos Einklang mit der Natur: Ein ganz besonders signifikantes Symbol dieser angeblich postfeministischen Mutterbestimmung ist der schon seit einigen Jahren um sich greifende Still-Fanatismus: Von modernen Hebammen, scheinbar fortschrittlichen Gynäkologen, der neu erfundenen Berufsgruppe der Stillberaterinnen und der gesammelten Baby-Ratgeberliteratur gepredigt, müssen Mütter ihre Kinder unbedingt natürlich ernähren, um dauerhaften Gesundheitsschaden von ihnen abzuhalten – koste es, was es wolle. Und es kostet viel: Permanente Übermüdung, die in gar nicht so wenigen Fällen in die postpartale Erschöpfungsdepression führt, die monate- wenn nicht jahrelange Fortsetzung der Nabelschnur, die Frauen jede Chance auf eine autonome Zeiteinteilung und Entlastung nimmt. Aber was könnte die neue Bereitschaft zur mütterlichen Aufopferung denn schöner symbolisieren als ein öffentlich präsentiertes Still-Leben?

Kampfmütter, die nerven

Anzutreffen sind sie überall: Im Lebensmittelgeschäft, im Flugzeug, im Kaffeehaus, bei Abendessen, in Veranstaltungen – die Subgruppe der ob ihrer Gebärleistung mit einer gesellschaftlich gestützten Selbstzufriedenheit durch den Alltag wandelnden Kampfmütter. Und eine der besonders beliebten Methoden, ihre Unantastbarkeit zu unterstreichen, ist es, den Nachwuchs tun zu lassen, was er will. Würde im Restaurant ein erwachsener Tischnachbar eine ähnliche Lautstärke entwickeln wie die modernen Kinder der modernen Mütter, man würde ihm zweifellos mit rüden Worten klar machen, dass es sich um eine öffentliche Gaststätte handelt und nicht um einen Seminarraum für Urschreitherapie. Doch bei Müttern mit Kindern ist das nicht drin.

„Ich habe das Gefühl, dass die Idealisierung von Elternschaft wieder viel stärker wird", beobachtet auch die Geschäftsführerin einer österreichischen Krankenhaus-Holding, Andrea Kdolsky. „Zum Beispiel in Hotels oder Restaurants – wenn man sich da über Kinder beschwert, die sich unmöglich benehmen, hat man sofort eine große Debatte und eine Phalanx gegen sich, die einen der Kinderfeindlichkeit bezichtigt. Das wird auch mit dieser politischen Verklärung der Mutterschaft sehr gefördert." Die 42-jährige Spitzenmanagerin lebt heute mit ihrem Mann glücklich ohne

Nachwuchs. Wobei es mehrere Phasen in ihrem Leben gab, in denen sie durchaus einen Kinderwunsch verspürte.

Die Psychologin und Ernährungstrainerin Petra Öllinger sieht zwei Typen moderner Mütter mit einer Portion Skepsis: „Ich beobachte da immer wieder diese Extreme. Auf der einen Seite die Glucken, mit unglaublich aufgesetzter Opferbereitschaft, die alles für den Nachwuchs aufgeben. Und die gewissermaßen intellektuellen Mütter, die ihre Kinder schon mit zwei Jahren ins Ballett und mit drei in den Baby-Englischkurs stecken, deren Kinder auch gar nichts Spontanes und Witziges haben, sondern die altklug erklären, was sie am Wochenende wieder alles im Museum gesehen haben."

Auf der Flucht

Besonders pointiert und vergnüglich erzählte die Autorin Annette C. Anton in der feministischen Zeitschrift Emma vor einiger Zeit im Beitrag „Die Geschichte einer Flucht" davon, wie sie die neuen „Kampfmütter" aus dem Berliner Stadtteil Prenzlauer Berg vertrieben haben: „Früher waren junge Familien in Provinzstädte oder aufs Land gezogen, heute ziehen die Baby Boomers aus ganz Deutschland in den Prenzlauer Berg zu lauter Gleichgesinnten, denn nur dort wissen sie sich verstanden. Leider verstehen sie außer sich selbst keinen mehr." Vor allem nicht kinderlose Frauen wie Anton selbst, denen sie regelrecht die Existenzberechtigung absprechen: „Diese hauptberuflichen Mütter sind rund um die Uhr mit der Aufzucht und Beaufsichtigung ihres Nachwuchses beschäftigt. Kind und Karriere müssen sie nicht vereinbaren, da eine Karriere bei den meisten von ihnen nicht stattfindet."

So schlimm ist diese Beschreibung doch gar nicht, eher trifft sie einen Trend präzise. Und doch: Sogar unter den Leserinnen der Mutter aller feministischen Publikationen Emma hat Frau Antons kleine Polemik, bei der ich Tränen gelacht habe, einen unglaublichen Sturm der Entrüstung hervorgerufen. Die Leserbrief-Wellen schlugen hoch wie bei kaum einem anderen Thema. Alles darf die moderne Frau – bloß nicht kinderlos sein, dabei glücklich, und sich dann auch noch über Mütter lustig machen.

Von der schwierigen Kommunikation zwischen Müttern und Nichtmüttern

So ist denn die Kommunikation zwischen Bekinderten und Kinderlosen oft alles andere als einfach, wie auch alle meine Gesprächspartnerinnen in den Interviews zu diesem Buch bestätigten.

„Wenn ich Aussagen treffe über das Verhalten von Kindern oder über Erziehungsmethoden, dann erklärt man mir, dass ich nicht mitreden soll, weil ich das als Kinderlose ja gar nicht wissen kann. Hätte ich selbst Kinder, würde ich das alles anders beurteilen, sagt man mir", ärgert sich die gelernte Medizinerin Andrea Kdolsky. „Gesamtgesellschaftlich gesehen ist es auch so: Wer Kinder hat, darf alles, ohne sich kritisieren lassen zu müssen, egal ob es pädagogisch, psychologisch oder medizinisch sinnvoll ist, was er oder sie tut. Wer keine Kinder hat, darf das nicht kommentieren, weil er oder sie keine Erfahrung hat. Das ist doch absurd. Ich muss ja auch nicht krank sein, um ein guter Arzt zu sein. Und ich muss nicht schwer verschuldet sein, um ein guter Schuldnerberater zu sein. Warum sollte ein erwachsener Mensch mit viel Lebenserfahrung zum Thema Kindererziehung keine Meinung haben dürfen?"

Auch die Psychologin, Ernährungstrainerin und Autorin Petra Öllinger, Jahrgang 1969 und kinderlos, kennt dieses Gefühl: „Besonders schlimm prallen die Welten aufeinander, wenn man als Nicht-Kinderbesitzerin wagt, sich zu Erziehungsfragen zu äußern. Du hast ja keine Ahnung, heißt es dann. Als ob man sich generell nur zu Dingen äußern dürfte, die man aus eigener Anschauung kennt."

Netzwerke von Kinderlosen

Kein Wunder, dass viele kinderlose Frauen es tendenziell eher vorziehen, ihre Freizeit mit ihresgleichen zu verbringen. „Was mich manchmal nervt, sind diese Abendessen, wo man mit lauter Eltern eingeladen ist. Und irgendwann wird dann nur mehr über Kinder geredet. Da wird mir einfach fad", sagt Kristel Josel, Gründerin und Geschäftsführerin der Kulturvermittlungsagentur artsprojects. „Solche gesellschaftlichen Begegnungen habe ich wirklich auf ein Minimum reduziert. Deshalb entwickeln sich oft auch Freundschaften auseinander, weil es eben ganz andere Interessen gibt. Die Mütter sind eben oft auf ihre Kinder fixiert. Im näheren Bekanntenkreis habe ich auch vor allem Kinderlose, und die, die Mütter sind, sind keine Glucken."

Auch Andrea Bumharter, die mit ihrem Mann gemeinsam als selbstständige Unternehmens- und Organisationsberaterin arbeitet, kennt dieses Phänomen: „Der Großteil meiner Bekannten hat keine Kinder. Ich hätte es lieber mehr durchmischt, aber es gibt eben sehr unterschiedliche Interessen. Kinder interessieren mich durchaus. Aber ich will eben nicht stundenlang über sie reden – so wie über viele andere Dinge auch."

Monika Fuchs, Allgemeinmedizinerin mit eigener Praxis, erzählt: „Kinderlose Frauen sehen sich im bekinderten Bekanntenkreis rasch in einer Außenseiterposition. Kinder verändern nicht nur die zeitliche, sondern auch die inhaltliche Freizeitgestaltung der Freundinnen und deren soziales Netz. Und dazu werden Kinder zum festen Gesprächsthema."

Oft liegt es gar nicht so sehr an den fehlenden Gesprächsthemen, sondern schlicht an der Zeitgestaltung, warum Kinderlose und Mütter nicht so recht zusammenkommen. „Viele meiner Freundinnen, mit denen ich viel unternehme, sind auch kinderlos", beobachtet die Objektkünstlerin und Bildhauerin Silvia Grossmann die Entwicklung ihres Bekanntenkreises. „Das hat natürlich mit der verfügbaren Zeit und der Art der Freizeitgestaltung zu tun."

Eine Erfahrung, die sie mit der Managerin eines Markt- und Meinungsforschungsinstitutes, Roswitha Hasslinger, teilt: „Viele meiner Freundinnen und Freunde sind auch kinderlos. Das ergibt sich einfach so: Man hat eben eher einen ähnlichen Lebensstil. Mütter haben dann plötzlich ganz andere Themen – da driften auch viele alte Freundschaften auseinander. Die Tagesabläufe sind anders, die Freizeitgestaltung ist anders. Manchmal findet man sich dann wieder, wenn die Kinder groß sind."

Mit manchen Müttern klappt es gut

Das alles bedeutet natürlich nicht, dass es nicht durchaus auch ganz gut klappen kann mit den Freundschaften zwischen Müttern und Kinderlosen. „Mein Freundeskreis ist sehr gemischt: Ein Drittel ist kinderlos, zwei Drittel haben Kinder, und zu denen habe ich eine enge Beziehung", erzählt die Psychotherapeutin Veronika Holzknecht. Auch Grete, 60 und pensionierte Lehrerin, hat nicht nur Freunde und Bekannte ohne Nachwuchs: „Ich habe Freundinnen, die keine Kinder haben, ich habe aber auch Freundinnen mit Kindern. Wenn man älter wird, ist es so, dass die Kinder schon irgendwo anders sind und es für diejenigen mit Kindern auch so ist, als ob sie keine Kinder hätten. Ich habe aber auch jüngere Bekannte mit Kindern, also mein Freundeskreis ist bunt gemischt."

Eine Voraussetzung dafür, dass das gut klappt, sind vor allem gemeinsame Interessen jenseits der Nachwuchsfrage, wie Petra Öllinger betont: „Ich kenne einige Frauen gut, die Kinder haben, und unser Verhältnis ist völlig entspannt. Von keiner von denen kommt je die Frage, wie das mit mir und der Fortpflanzung ist, wenn, dann eher von ihren Männern. Für meinen Geschmack gehen die auch sehr normal mit ihren Kindern um und führen ihr eigenes Leben. Daher waren hier Kinder auch nie ein Hinderungsgrund für die Entwicklung von Freundschaften. Das hat vor allem damit zu tun, dass sich diese Frauen immer sehr stark ihre Eigenständigkeit bewahrt haben. Wenn wir uns treffen, sind die Kinder nicht das wesentliche Gesprächsthema. Sonst wäre es wohl schwierig – genauso wie bei Leuten, die immer nur über ihre Arbeit reden können."

Spielen wir nicht mit!

Manchmal tut es wirklich gut: Wieder einmal abrechnen mit denjenigen und so richtig ätzen über die, die ihren Lebenssinn in der Aufopferung für den Nachwuchs sehen und diesen Zustand des Gluckentums zum Gesetz für uns alle erklären wollen.

Über das gelegentliche Dampfablassen hinaus allerdings, auch davon bin ich überzeugt, taugt diese polarisierende Annäherung an das Thema kaum als allgemeine Strategie. Schließlich spielen wir damit nur wieder einmal denen in die Hände, die, vor allem aus politischem Kalkül, den Konflikt Mütter versus Kinderlose schüren, anstatt sich endlich mit der Realität vieler gleichberechtigter Lebensformen abzufinden und daraus auch die entsprechenden Konsequenzen für die Gestaltung der Gesellschaft und des Sozialstaates zu ziehen. Bleibt nur zu hoffen, dass es so etwas wie ausgleichende Gerechtigkeit für diese meine noble und tolerante Haltung gibt. Und dass sich das nächste Mal die Mutter am Nebentisch verkneift, ihrem Sprössling zuzuzischen „Die böse Frau mag keine Kinder", nachdem ich freundlich gebeten habe, den lustigen Flumi-Ball vielleicht anderswohin springen zu lassen als in meine Kaffeetasse.

Ähnlich entspannt und offen sehen das alles übrigens auch meine Interviewpartnerinnen: „Wir sollten uns nicht ausspielen lassen gegeneinander. Beide Lebensformen haben ihren Platz und sind in Ordnung", appelliert Petra Öllinger an das manchmal anscheinend verloren gegangene Prinzip der Frauensolidarität. „Frauen müssen im Zweifel an einem Strang ziehen. Mütter sind nicht doof, das ist schon toll, was die alles hinkriegen."

Auch die Meinungs- und Marktforschungsexpertin Roswitha Hasslinger plädiert für die friedliche Koexistenz: „Ich finde es wunderbar, wenn jemand Kinder will. Wichtig ist es, jedem und jeder den Spielraum für den eigenen Lebensstil zu lassen: Man sollte es so gestalten können, wie man will."

Und die Unternehmensberaterin Andrea Bumharter meint über Konflikte zwischen Müttern und Nichtmüttern: „Ich finde es sehr schade, dass zwischen vielen Frauen diese Vorurteile so stark am Leben erhalten werden – dumme Mutter versus kaltherzige Karrierefrau. Eine meiner Freundinnen mit drei Kindern hat unter diesem Image der Geistlosigkeit sehr gelitten. Ich schätze Frauen sehr, wo der gegenseitige Umgang anders und respektvoll ist."

Massenphänomen Kinderlosigkeit?

So widersprüchlich und inkonsistent wie die öffentliche Debatte, die sich nicht recht entscheiden kann, ob wir nun gerade dem zur Kinderlosigkeit führenden Hedonismus der Gebärfähigen zum Opfer fallen und daher demnächst aussterben müssen oder ob ein trendiger Babyboom bevorsteht und die Zukunft somit den neuen Familien gehört, so widersprüchlich ist auch Veröffentlichtes über das wahre Ausmaß der Kinderlosigkeit.

Je nach Zählweise haben zwischen einem Sechstel und bis zu einem Drittel der Frauen unterschiedlichen Quellen zufolge im deutschsprachigen Europa keine Kinder. Jedoch lediglich bei 20 Prozent der Frauen sind medizinische oder gesundheitliche Gründe die Ursache für die Kinderlosigkeit. Bei 80 Prozent sind andere Motive entscheidend (siehe auch Seite 157). Verlässliche Zahlen sind jedoch rar – und eine klare Definition der den jeweils veröffentlichten Zahlen zugrunde liegenden Methode noch rarer.

Eine aktuelle Studie des österreichischen Ludwig-Boltzmann-Instituts für Frauengesundheitsforschung, gefördert vom Jubiläumsfonds der österreichischen Nationalbank, weist etwa aus, dass insgesamt 28 Prozent der in Österreich lebenden Frauen kinderlos sind. Unter den Frauen im so genannten reproduktiven oder gebärfähigen Alter, wie es in der Wissenschaftssprache so entlarvend heißt, also zwischen 15 und 45, sind 42 Prozent kinderlos. Den deutschen Frauen wird gerne ein Platz unter den Spitzenreiterinnen der europäischen Kinderlosen zugeschrieben. Jede dritte Frau im gebärfähigen Alter in Deutschland, so der Präsident der deutschen Gesellschaft für Demographie, sei kinderlos.

Für die breite Palette an inkonsistenten Zahlenangaben in Sachen kinderlose Frauen gibt es eine einleuchtende Erklärung: Die Frage ist immer, welche Altersgruppen analysiert und miteinander verglichen werden. Der Familien-Mikrozensus Österreich 2001 hat etwa gezeigt, dass ein Viertel der Frauen über 20 Jahren in Österreich kinderlos ist. Eine Zahl, die allerdings sehr wenig aussagt, denn in dieser Altersgruppe kann sich in Sachen Familienplanung und -gründung noch viel tun.

Für aussagekräftiger halten es daher viele Statistiker, bestimmte Geburtenjahrgänge oder Gruppen von Geburtenjahrgängen miteinander zu vergleichen, bei denen nicht mehr mit Veränderungen im Status „Mutter" oder „kinderlos" zu rechnen ist. Und da ergeben sich dann ganz andere Quoten. Am Anteil der kinderlosen Frauen hat sich, so betrachtet, eigentlich seit der Generation unserer Großmütter nicht allzu viel verändert. Für die heute 40- bis 44-Jährigen etwa errechnete Statistik Austria kürzlich eine Kinderlosenquote von 16,1 Prozent. Bei den heute 70- bis 74-Jährigen liegt sie bei 15,5, bei den über 85-Jährigen sogar bei 21,1 Prozent. Ähnliches rechnet der Bevölkerungssoziologe François Höpfinger vom Schweizer Institut für Alter und Generationen in Sion vor: „Der Anteil kinderlos bleibender Frauen in Deutschland war schon in früheren Generationen beträchtlich. So blieb etwa von den 1901 bis 1905 geborenen Frauen jede vierte kinderlos."

Wir sind gar nicht schuld

Die Moral von der Geschichte für uns Kinderlose? Eine qualifizierte Minderheit, noch dazu durchaus erfolgreich, selbstbewusst und artikulationsfähig, sind wir ohnehin. Um das zu belegen, müssen wir nicht unbedingt die von Artikel zu Artikel kritiklos übernommenen Zahlen von „30 bis 40 Prozent Kinderlosen" nachbeten. Denn dass diese so hartnäckig wiederholt werden, hat nichts damit zu tun, dass uns hier ob unserer großen Zahl der Rücken gestärkt werden soll. Dahinter steht vielmehr ein Kalkül der Schuldzuweisung: Wenn es so viele – und immer mehr – Kinderlose gibt, müssen die auch für die laufend beklagten sinkenden Geburtenraten verantwortlich sein.

Dem liegt aber der beliebte Denkfehler zugrunde, sinkende Geburtenraten einfach mit Kinderlosigkeit gleichzusetzen. So weiß sogar der Familien-Mikrozensus Österreich 2001 im Auftrag des Sozialministeriums, das zu diesem Zeitpunkt von ganz besonders mit der Mutterideologie sympathisierenden politischen Parteigängern geleitet war, dass der Rückgang der Kinderzahlen „weniger durch einen signifikanten Anstieg der Zahl der Kinderlosen, sondern viel mehr durch einen deutlichen Rückgang der Familien mit drei Kindern oder mehr zu erklären" sei. Folgerichtiger Schluss: All das, was die Kinderlosen angeblich zu verantworten haben, gilt rechnerisch gesehen mindestens so sehr für die Ein-Kind-Mütter.

Kinderlose Frauen – Kinderlose Männer

Eine Sache ist ganz interessant an der öffentlichen Aufgeregtheit über die anscheinend beständig anwachsende Zahl kinderloser Frauen. Dass nämlich den oft zitierten Zahlen der weiblichen Nachwuchsverweigerer selten jene der Männer ohne Sprösslinge gegenübergestellt werden. Nachdem entgegen allen Vorurteilen bei weitem nicht alle kinderlosen Frauen partnerlos leben und wir wohl guten Mutes davon ausgehen dürfen, dass eben jene Partner ihren wertvollen Samen nicht zwecks Arterhaltung anderswo verstreuen, kann man also annehmen, dass auch die Zahl der Nicht-Väter eine nicht unbeträchtliche ist.

Eines möchte ich aber noch gerne erleben: Dass ich eine Zeitung aufschlage und eine alarmistische Meldung lese, dass heute immer mehr Männer mit 45 noch kinderlos sind. Oder dass ein kinderloser Mann sich anhören kann, wie sehr seine Entscheidung gegen die Vaterschaft wider die Natur und wider seine ureigentliche Bestimmung ist. Dass es mir eher nicht gegönnt sein wird, liegt insbesondere daran, dass die Fronten der öffentlichen Diskussion eben ganz klar sind: Wenn es um das Ende der Kernfamilie als Säule der Gesellschaft geht und damit auch gleich um den nahenden Untergang des Abendlandes, dann sind die Schuldigen klar: Es sind die gebärunwilligen Frauen.

Kinderloses Unglück?

Hätten wir nicht diese wunderbaren Schwarz-Weiß-Bilder zum Thema Kinderlosigkeit, wären die alten und neuen Familienverklärer argumentativ einigermaßen in der Bredouille. In die Kerbe der Rettung des Abendlandes per eifriger Fortpflanzung schlug zum Beispiel immer wieder der vor den letzten Bundestagswahlen ins CDU-Kompetenzteam geholte Steuerrechtler Paul Kirchhof, der unter anderem in der Wochenzeitung *Die Zeit* seine Familienvorstellungen ausbreitete: Für ihn ist die Hausfrauenfamilie das Familienideal, an dem sich staatliche Familienpolitik zu orientieren hat. Denn sie ist als Einzige in der Lage, die Erziehungsaufgabe kostengünstig wahrzunehmen. Aber weil das alles noch gar unromantisch ist, argumentiert er nicht nur ökonomisch: „Wer sich allein des Berufes wegen gegen Kinder entscheidet, sollte sorgfältig bedenken, ob er nicht damit seiner Biografie einen weniger glücklichen Verlauf gibt." Gemeint war natürlich „ihrer Biografie".

Damit bringt der politisch vielleicht auch ob dieser unverblümt altväterischen Anwandlungen nicht sehr erfolgreiche Rechtsprofessor auf den Punkt, was viele denken. So sind sie, die modernen Frauen: emanzipiert, erfolgreich, aber dafür einsam, unglücklich und kinderlos.

Das haben wir jetzt davon, das hat uns der Feminismus eingebracht. Alles sonst haben wir ja praktisch erreicht. Die gläserne berufliche Decke haben wir souverän so gut wie durchstoßen, endlich verdienen wir nur mehr 20 Prozent weniger als die Männer – in vergleichbaren Tätigkeiten, wohlgemerkt, nicht in Durchschnittseinkommen gerechnet. Elegant haben wir es geschafft, dass die Führungspositionen so gut wie paritätisch besetzt sind. Na ja, fast: Immerhin sind laut Mikrozensus 2004 in Deutschland schon 21 Prozent der Direktoren weiblichen Geschlechts. In Österreich sind nach einer Erhebung der Arbeiterkammer Wien gerade 2,9 Prozent der Geschäftsführer und Unternehmensvorstände weiblich. In den Aufsichtsräten sitzen 7,6 Prozent Frauen. All das haben wir also erreicht. Und was haben wir davon: Wir fristen ein einsames und unerfülltes Leben.

Arme Kinderlose

Es bricht einem das Herz, diese armen, erfolgreichen Emanzipationsopfer zu beobachten. Was ihnen zum wirklichen

Glück fehlt, sind romantische Erinnerungen an durchwachte Nächte, Windeln, Schulden und unzuverlässige Babysitter. Kinderlose leben im Vakuum: Sie müssen ihr inhaltsloses Leben mit Besessenheit durch den Beruf füllen und ihre rare Freizeit mit Reisen, Sport, Partys oder ehrenamtlichen Aktivitäten. Und das Schlimmste daran: Sie fühlen diese schreckliche Leere in ihrem Leben nicht einmal.

Oder ist es in Wirklichkeit ganz anders mit Glück und Unglück von Kinderlosigkeit? Wie glücklich Eltern und Kinderlose im Vergleich sind, war die Fragestellung einer britischen Studie, die vom Institute for Public Policy Research durchgeführt wurde. „Weil sich Eltern nicht vorstellen können, dass Kinderlose glücklich sein können, ist das auch die dominante öffentliche Meinung", sagt IPPR-Projektleiterin Kate Stanley. Sie fand – wenig überraschend eigentlich – heraus, dass sie beide glücklich und unglücklich sein können, die Mütter wie die Kinderlosen.

Einige Ergebnisse im Detail: Auch gute Freundschaften gehen oft zu Ende, wenn die einen Eltern und die anderen kinderlos sind. Eltern tendieren dazu, Kinderlose für unglücklicher zu halten und sie zu bedauern. Und sie glauben, dass die Ärmsten gar keine Vorstellung haben, was ihnen fehlt. Doch um das Mitleid gleich einzuschränken: Eltern sind auch mehrheitlich der Ansicht, Nicht-Eltern seien egoistisch, unflexibel, unerfüllt und einsam. Kinderlose wiederum bedauern Eltern dafür, dass sie sich nur mehr „um ihr kleines Nest kümmern" und andere Interessen verlieren.

Und noch ein Forschungsergebnis zum kinderlosen Unglück: Eine Studie der Universität Melbourne kam 2003 zu einem interessanten Ergebnis. Je mehr Sprösslinge die Menschen haben, so die australischen Forscher, desto unzufriedener äußern sich die Befragten über ihr Leben. Die Befriedigung kehrt wieder ein, wenn der Nachwuchs auszieht. Ganz falsch liegt der alte jüdische Witz also wohl nicht, in dem ein katholischer Priester, ein Arzt und ein

Rabbi gefragt werden, wann das Leben beginnt. „Bei der Zeugung", sagt der Pfarrer. „Bei der Geburt", sagt der Arzt. „Weder noch", sagt der Rabbi: „Das Leben beginnt, wenn die Kinder aus dem Haus sind und der Hund gestorben ist."

Schluss mit der Rechtfertigung

Die Spezies der gewollt kinderlosen Frau ist keine im Verborgenen blühende kleine Minderheit. Jede Menge prominente Frauen gehören dazu: Die deutsche Kanzlerin Angela Merkel ist ebenso kinderlos wie drei ihrer Ministerinnen, die österreichische Außenministerin Ursula Plassnik hat genauso keinen Nachwuchs wie ihre Vorgängerin und heutige EU-Kommissarin Benita Ferrero-Waldner. Auch bekannte Medien- und Wirtschaftsfrauen wie die Moderatorinnen Sabine Christiansen, Sandra Maischberger und Maybritt Illner, Krimi-Legende Donna Leon oder die neue österreichische Siemens-Vorstandsvorsitzende Brigitte Ederer haben kein Kind.

Doch so berühmte, selbstbewusste, erfolgreiche, gestandene Frauen sie auch sein mögen, wie die einfachen, anonymen Kinderlosen haben auch sie mit Vorurteilen zu kämpfen und leben mit ständigem Erklärungsbedarf. Viele prominente Frauen lehnen auch Interviews zum Thema inzwischen schlichtweg ab: Weil sie es satt haben, ständig über ihren Familienstatus befragt zu werden und nicht über ihre Leistungen. Bei Männern tut man das schließlich auch nicht.

Volksvertreterinnen und Kinderlosigkeit
Besonders heikel scheint zumindest in unseren Breiten das Thema Kinderlosigkeit für Politikerinnen zu sein. Auch der ersten deutschen Kanzlerin Angela Merkel blieb es

nicht erspart, sich im Wahlkampf ihre Kinderlosigkeit vorwerfen zu lassen. Die Gattin des Ex-Kanzlers, Doris Schröder-Köpf, ließ ihr in Die Zeit ausrichten, dass sie nicht in der Lage sei, die Mehrheit der Frauen zu vertreten, nachdem sie nichts von Doppelbelastung, Babypause und Kindererziehung verstehe. Ob sie das ihrem Mann, der bekanntlich kein biologischer Vater ist, wohl im stillen Kämmerlein auch vorgeworfen hat?

„Ich wollte nie Kinder und ich habe es nie bereut", sagt die neuseeländische Premierministerin Helen Clark in ihrer Biografie. Eine Klarheit, die hierzulande offenbar nicht möglich ist – oder zumindest der Einschätzung von um Wählerstimmen kämpfenden Polit-Kandidatinnen und ihrer Berater nach nicht angesagt. Wie sonst wäre es zu erklären, dass die ehemalige ÖVP-Präsidentschaftskandidatin und jetzige EU-Kommissarin Benita Ferrero-Waldner uns im Wahlkampf in Interviews wissen ließ, dass es eine einzige Entscheidung in ihrem Leben gebe, die sie bereue: die, auf Kinder verzichtet zu haben. Oder, in einer anderen Variante im Radio: „Ich hätte gerne Kinder gehabt und bereue nach wie vor, dass mir dieser Kinderwunsch versagt blieb." Damit rückte sie die Causa vermeintlich ins richtige Licht und der letzte Bösartige hätte ihr nicht vorwerfen können, dass sie sich eben so und nicht anders entschieden hat.

Gewonnen hat sie die Wahl bekanntlich trotzdem nicht. Ob wegen ihrer Kinderlosigkeit, ihrer kitschigen Rechtfertigungen dafür oder wegen Tausender anderer Gründe werden wir wohl nie genau wissen. Allein die Ex-Kandidatin selbst versuchte ein wenig Licht ins Dunkel ihres Misserfolgs zu bringen, als sie nach verlorener Schlacht wissen ließ, die linken Emanzen hätten sie im Regen stehen gelassen …

Autos, Alkohol und Kinder

Einige wenige Dinge sind auch in unserer modernen Gesellschaft noch immer weitgehend rechtfertigungs- und erklärungsbedürftig. Eines davon ist, keinen Alkohol zu trinken. Von „ah, trinken Sie nie" über „ja ich musste neulich auch Antibiotika einnehmen" bis zum wissenden Nicken erlebt man die unterschiedlichsten Reaktionen, wobei letztere jene kenntnisreichen Menschen auszeichnet, die bereits einmal gehört haben, dass Ex-Alkis ihr Leben lang trocken bleiben müssen.

Eine andere Sache, die einen in einer größeren Runde rasch einmal zum Außenseiter macht und zu Erklärungsbedarf führt, ist es, nicht Besitzer eines Führerscheins zu sein. Ich weiß, wovon ich spreche, mein Mann Roland gehört dieser Gruppe von sonderbaren Menschen an: Nicht nur, dass er immer, wenn die Sprache darauf kommt, gleich erklärt, dass er nicht nur keinen hat, sondern auch nie einen hatte – nur um mal gleich die Vorstellung von Straßenrowdytum vom Tisch zu haben – dann kommt wie das Amen im Gebet von irgendjemandem am Tisch: „Warum?"

Die dritte erklärungs- und rechtfertigungsbedürftige Lebensstilentscheidung schließlich scheint ein ganz besonders heftiger Tabubruch zu sein und bringt in erster Linie Frauen in den Mittelpunkt von seltsamen Fragen aller Art. Es ist die Kinderlosigkeit.

„Keine Kinder zu haben ist vor allem für uns Frauen immer noch sehr erklärungsbedürftig, man steht dauernd unter Rechtfertigungsdruck", sagt Roswitha Hasslinger, die in Wien in der Geschäftsleitung eines international tätigen Meinungsforschungsinstitutes arbeitet. „Da kann man dann eigentlich nur froh sein, wenn man irgendwann älter wird und sich die Frage nicht mehr stellt. Aber selbst dann schwingt bei Gesprächspartnern oft so etwas mit wie ‚wahrscheinlich hat es bei der Armen nicht geklappt'".

Auf vielen Ebenen hat sich das weibliche Rollenbild in den

vergangenen Jahren und Jahrzehnten massiv verändert, vor allem beruflich. Aber bei so archaischen Fragen wie Mutterschaft, da wird es rasch sehr traditionell. Roswitha Hasslinger: „Ein guter Grund dafür, sich Netzwerke und Freundeskreise gut auszusuchen, um sich solche Debatten zu ersparen. Ich habe einfach keine Lust, mich für meine Entscheidung, kinderlos geblieben zu sein, ständig rechtfertigen zu müssen. Ich muss ja auch nicht andauernd erklären, warum ich kein Reitpferd habe."

Nein, und Punkt.

Die ständige Fragerei nach ihrem Familienstatus ist etwas, das so gut wie alle kinderlosen Frauen kennen – und das ihnen gehörig auf die Nerven geht. „Tatsache ist, meine Entscheidung für Kinderlosigkeit, deren Konsequenzen schließlich ich allein zu tragen habe, wird in den seltensten Fällen akzeptiert", sagt Petra Öllinger. Die Mittdreißigerin, die nach Auslandsaufenthalten und Psychologiestudium heute als Ernährungstrainerin und Autorin arbeitet, hat inzwischen für derartige Fragen eine ganz einfache Strategie entwickelt. „Das alles war mir irgendwann zu viel. Seither bleibt es beim schlichten, klaren Nein. Ohne Erklärung. Ohne Rechtfertigung."

Schluss mit Argumentieren und Rechtfertigen ist der Weg, den auch Kristel Josel inzwischen als ganz geeignet ansieht: „In meiner Branche gibt es diese Art von Fragen zum Glück weniger, weil in der Kulturszene viele unkonventionell leben", sagt die Gründerin und Geschäftsführerin von artsprojects. „Aber außerhalb der Künstlerwelt gibt es schon einen gewissen Rechtfertigungsdruck. Da wird man dann rasch einmal gefragt: Wolltest du nie Kinder? Ich sage inzwischen einfach und knapp: Nein. Ich argumentiere nicht. Das geht niemanden etwas an."

Andere kinderlose Frauen sind, genervt von Rechtfertigungszwängen, dazu übergegangen, sich entgegen ihrer

Überzeugung als ungewollt kinderlos darzustellen. „Es ist ungeheuer nervend, wenn die Leute wissen wollen, warum man nicht verheiratet ist und keine Kinder hat. Es wird einem immer suggeriert: Irgendwas stimmt mit der nicht, entweder sie spinnt oder sie ist vom anderen Ufer. Besonders in dörflichen Gemeinschaften ist das sehr schlimm", weiß die 35-jährige Karin, Angestellte einer politischen Partei, Single und kinderlos, aus Erfahrung. „Ich bin mittlerweile schon so weit, dass ich sage, ich könne keine Kinder bekommen. Ich weiche einfach auf diesem Weg der dummen Fragerei aus. Dann heißt es statt der Vorwürfe plötzlich: Entschuldigung, das tut mir aber leid."

Auch Petra Öllinger, entschieden begeistert kinderlos, greift eher scherzhaft gelegentlich zu Karins Strategie: „Am schlimmsten finde ich ja immer diese Frage, ob irgendwas nicht mit mir stimmt – und die kommt inzwischen auch oft von Männern, gar nicht so sehr von Frauen", sagt sie. „Lustig ist, wenn man dann probeweise mal nicht sagt, ich will keine Kinder, sondern ich kann keine Kinder kriegen. Da mutiert man ganz schnell von der Bösen zur Armen. Das ist ein lustiges Gesellschaftsspiel, zum Beispiel für fade Partys. Man glaubt nicht, wie viele gute Tipps man dann plötzlich kriegt, damit es mit dem Kinderkriegen doch klappt."

Humorvoll pflegt auch die pensionierte Lehrerin Grete zu antworten, wenn sie auf ihre Kinderlosigkeit angesprochen wird: „Ich sage dann immer: Meine Schwester hat vier Kinder, sie hat also welche für mich mitbekommen." Was allerdings nicht immer auf Verständnis stößt: „Einmal habe ich mit meiner Cousine gesprochen, die stolze Großmutter ist. Als ich gesagt habe, dass es mir gut geht, weil ich ja auch gewissermaßen Enkerl habe, nämlich die von meiner Schwester, da war sie sehr schnippisch", lacht Grete. „Sie hat gemeint, das sei also nun schon etwas völlig anderes, da müsse man schon selbst etwas dazutun."

Alle reden mit

Wenn es um die Entscheidung für oder gegen Kinder geht, haben alle das Gefühl, mitreden zu müssen: Freunde, Familie und Arbeitskollegen befassen sich mit der Frage, wann man denn das erste Kind plane, und wenn nicht, warum nicht. Da gibt es erheblichen Druck und die Notwendigkeit, seine eigene Lebensstilentscheidung zu erklären: Etwas, das man Müttern nie abverlangt. Oder haben Sie bei einem Abendessen schon einmal erlebt, dass ein Wildfremder nach der ersten Abtasterei eine Mutter fragt: „Und warum haben Sie eigentlich Kinder in die Welt gesetzt?" Nein? Ich auch nicht. Aber die Frage „Und warum haben Sie keine Kinder" habe ich mir schon mehr als einmal anhören müssen. Ein eigentlich sehr persönliches Thema wird distanzlos zum öffentlichen Anliegen.

Ich habe es mir inzwischen zur Gewohnheit gemacht – allerdings nur, wenn ich wirklich gut drauf bin, zugegeben – im Fall solcher Zumutungen auch sehr persönliche Fragen zu retournieren: Wie sieht es denn mit Ihrer Orgasmusfähigkeit aus? Schlafen Sie eigentlich noch mit Ihrer Frau? Ist das Silikon in Ihren Lippen oder eine Eigenfettunterspritzung?

Mehr als sanfter Druck

Der Druck auf Kinderlose ist allerdings nicht nur im persönlichen Umfeld beachtlich. Auch Politiker und Politikerinnen aller Couleurs setzen Familien- üblicherweise mit Kinderpolitik gleich und bemühen sich – zumindest verbal – um kräftige Nachwuchsvermehrung. So betonte etwa die frühere deutsche Familienministerin Renate Schmidt von der SPD, selbst dreifache Mutter, in einem *Spiegel*-Interview: „Ich möchte dafür sorgen, dass sich vorhandene Kinderwünsche erfüllen können." Angesichts familienpolitischer Entwicklungen und Initiativen vor allem in den deutschsprachigen Ländern hat man allerdings oft den Eindruck, dass es hier nicht darum geht, vorhandenen Wünschen die richtigen Rahmenbedingungen zu geben, sondern erst einmal ausreichend Druck zu machen, dass nicht vorhandene Kinderwünsche sich ins Gegenteil verkehren.

Und wenn das auf der Psycho-Schiene nicht klappt, dann müssen ökonomische Argumente herhalten. Derartige können sich nicht einmal Medien wie der *Spiegel* verkneifen, der in einem Special „Wege aus der Krise – Generation Kinderlos" mit solchen massiv auffuhr: „Es verliert nicht nur der Generationenvertrag seine Grundlage – die Einzahler ins Rentensystem. Der gesamte Wohlstand gerät in Gefahr. Denn bleibt der Nachwuchs aus, fehlt es an Steuerzahlern, an Fachkräften und an Verbrauchern." Und wer ist wieder einmal schuld an derartigen Horrorszenarien? Richtig, die Fortpflanzungsunwilligen.

Die Therapeutin und Autorin Dr. Gerti Senger im Gespräch

Die Wienerin Dr. Gerti Senger ist klinische und Gesundheitspsychologin, Psychotherapeutin und zertifizierte IMAGO-Therapeutin. Durch zahlreiche psychologische Beratungskolumnen in deutschen und österreichischen Medien und viele Buchpublikationen ist sie auch weit über die österreichische Bundeshauptstadt hinaus bekannt, wo sie eine private und psychotherapeutische Praxis betreibt. An der Universität Wien hält sie auch Vorlesungen.

Birgit Kofler: *Der zunehmenden Zahl Kinderloser gilt einiges an Aufmerksamkeit in der Öffentlichkeit. Spielt denn Kinderlosigkeit in Ihrer Beratungs- und Therapiearbeit als Thema eine große Rolle?*
Gerti Senger: Eigentlich nicht. Für die Frauen, die sich bewusst für diesen Weg entschieden haben, passt es auch und sie sind zufrieden. Die haben auch später keine Trauer über etwas Versäumtes. Frauen, die ihre Kinderlosigkeit dann betrauern, wenn es zu spät ist, haben meist ein anderes Problem, oft ein Depressionsproblem. Sie hatten nie genug Antrieb, auch nicht für ein Kind, und dann kommt irgendwann das Gefühl, sie könnten etwas versäumt haben. Das ist aber dann meist eine generelle Einschätzung ihres Lebens, nicht nur der Kinderfrage.

B.K.: *Bei allen individuellen Unterschieden: Gibt es Ihrer Erfahrung nach Gemeinsamkeiten zwischen zufriedenen kinderlosen Frauen?*

G.S.: Meist sind es Frauen, die ihrem Leben Inhalte geben konnten, sie haben nicht diese Abhängigkeit von Kindern. Sie haben häufig auch ein sehr gutes soziales Netz. Kinderlose Frauen sind oft auch entscheidungsstarke Frauen: Sie mussten sich ja gegen einen massiven sozialen Druck entscheiden, und das bedeutet Kraft. Und damit ist die Entscheidung meist auch etwas, zu dem sie stehen: Sie sind eins mit sich und zufrieden.

B.K.: *So etwas wie späteres Bedauern sehen Sie bei diesen Frauen nicht?*

G.S.: Vielleicht gibt es auch im Leben dieser Frauen manchmal Momente, wo sie ein leises Bedauern verspüren, dass sie keine Kinder haben – aber es ist ganz sicher nicht ein Lebensthema. Ich sehe das als kurzfristiges Infragestellen, nicht als grundsätzliche Haltung des Versäumens. Und solche Momente gibt es im Leben von Müttern schließlich auch: Zum Beispiel, wenn sie sich fragen, warum habe ich nur ein Kind und nicht drei?

B.K.: *Aber was ist mit der angeblich nicht ausgelebten Mütterlichkeit der kinderlosen Frauen?*

G.S.: Das ist ein anderes Thema. Es gibt auch viele Frauen, die sich unter sozialem Druck für Kinder entschieden haben und alles andere als mütterlich sind. Und es gibt viele kinderlose Frauen, die durchaus mütterlich sind. Die leben das dann anders aus. Zum Beispiel, indem sie ihren Mann, Mütter, Tanten oder Freundinnen betreuen und versorgen. Eine fürsorgliche Grundhaltung kann man gegenüber vielen Menschen ausleben, die man liebt, nicht nur gegenüber Kindern. Die zeugende Kraft, die für die einen das Kinderkriegen sein kann, manifestiert sich für viele

Frauen außerdem ganz anders. Sie leben sie zum Beispiel über Kreativität aus oder in anderer Form über ihre Arbeit.

B.K.: *Ein Argument für Kinder, das man manchmal hört, ist die Vermeidung von Einsamkeit im Alter. Wie sehen Sie das?*

G.S.: Grundsätzlich hat sich in dieser Hinsicht enorm viel verändert. Kinder sind nicht mehr eine Form der Altersvorsorge. Frauen verdienen ihr eigenes Geld, habe ihre eigene Pension.

Natürlich ist die Frage der Einsamkeit ein Thema für Kinderlose. Aber da sind dann meistens andere Beziehungsgeflechte sehr stark. Freundinnen besuchen einander regelmäßig, Kinder kommen nicht unbedingt jeden Sonntag ins Seniorenheim. Ich hatte viel im Pflegeheim Lainz zu tun. Und habe beobachtet, dass der Nachwuchs dann oft kommt, wenn es ans Sterben geht, und die Sparbücher sucht. Aber über die Jahre vorher kommen sie bestenfalls zum Muttertag und vor Weihnachten – und machen sich dann lautstark Luft über die fehlende Zuwendung im Heim. So toll sind die Beziehungen also auch nicht. Man darf hier nicht in Sozialromantik verfallen. Auch früher haben sich die Jungen nicht notwendigerweise um die Alten gekümmert, und es haben nicht, wie das oft beschworen wird, mehrere Generationen unter einem Dach gelebt, sondern die Alten kamen ins Ausgedinge.

B.K.: *Suchen sich kinderlose Frauen so etwas wie einen Familienersatz?*

G.S.: So wie Mütter oft viel in ihre Kinder investieren, investieren kinderlose Frauen oft besonders viel in Freundschaften – und da bekommen sie auch etwas zurück. Liebe und Zuneigung ist auf vielen Ebenen machbar, da gibt es nicht nur die Urliebe zwischen Eltern und Kindern. Sie ist nicht auf bestimmte Formen reduziert. Es ist sozialromantisch, aber nicht den Tatsachen entsprechend, dass die Liebe zu den eigenen Kindern unersetzbar wäre.

B.K.: *Unterscheiden sich in Sachen Beziehung Eltern von kinderlosen Paaren?*

G.S.: Für manche Menschen ist ein Kind der Gipfel und eine besondere Auszeichnung einer Liebesbeziehung. Das muss aber keineswegs so ein. Paare mit Kindern erleben sicher eine besonders intensive Zeit miteinander, glückliche Momente und Highlights. Aber es gibt da auch Gefahren: Die Rollen – Geliebte, Freundin, Kameradin, Mutter – sind nicht beliebig vervielfältigbar. Nach außen scheinen manche Beziehungen mit Kindern länger zu halten, weil die gemeinsamen Kinder eine gewisse Klammer bilden, die eher auch eine Trennung hinauszögert. Über die Qualität einer Beziehung sagt das allerdings nichts aus.

B.K.: *Können Kinder auch zur Beziehungsfalle werden?*

G.S.: Gemeinsam Kinder zu haben kann für ein Paar sicher beglückend sein, aber nicht nur. Frauen investieren oft, vor allem am Anfang, mehr als hundert Prozent ihrer Energie in den Nachwuchs. Die Männer geraten ins Abseits – auch weil sie selbst diesen Brutpflegeimpuls nicht so haben. Das sind dann oft diese krisenhaften Momente, wo Dritte eine Chance haben – zum Beispiel eine kinderlose Geliebte.

B.K.: *Was, wenn ein Paar in der Kinderfrage nicht einig ist?*

G.S.: Das ist schwierig und geht meist nicht gut aus. Oft gibt es dann ein Kompromisskind, ein Teil lässt sich überreden oder der Teil, der das Kind will, gibt nach und verzichtet. In all diesen Konstellationen leidet die Beziehung enorm, weil einer der beiden eine Entscheidung gegen sich selbst und die eigenen Bedürfnisse getroffen hat. In solchen Fällen ist zwar eine Trennung hart, aber meist besser.

B.K.: *Was sind Ihrer Erfahrung nach die wichtigsten Motive für Frauen, sich gegen eigene Kinder zu entscheiden?*
G.S.: Die wahre Freiheit ist es, ein selbstbestimmtes Leben zu führen. Frauen konnten das früher nicht. Heute können sie es – und viele wollen in dieser Freiheit eben nicht Mütter sein. Da macht sich auch die Unsicherheit der Geschlechterrollen bemerkbar. Den Spagat zwischen Familie und Berufstätigkeit wollen sich viele einfach nicht antun, denn er ist mit vielen Belastungen und oft mit einem permanenten schlechten Gewissen verbunden. Viele Frauen haben auch nicht die Infrastruktur, das abzufedern, und dann tun sie sich Kinder eher nicht an.

B.K.: *Aber sie könnten sich ja auch, wenn ihnen beides zu viel ist, für Kinder und gegen den Beruf entscheiden?*
G.S.: Das Mutterbild hat sich massiv verändert. Im Gegensatz zu früher ist es heute ja auch nicht mehr gesellschaftlich anerkannt, wenn eine Frau nur Mutter ist und zu Hause bleibt. Unsere fürchterliche Mutterkreuztradition hat da auch viel Schatten geworfen. In Wahrheit ist heute die gnadenlose Forderung an die Frauen, beides gut hinzukriegen, Mutterschaft und Beruf. Und das überfordert viele.

B.K.: *Welche anderen Motive für Kinderlosigkeit beobachten Sie?*
G.S.: Da gibt es natürlich unzählige Motive, die individuell immer unterschiedlich ausgeprägt sind. Aber ein Element ist schon, dass die heute fertile Frauengeneration oft viel arbeitende Eltern hatte und dabei ein gewisses Defizit erlebt hat. Und wenn sie verantwortungsbewusst sind, sagen sie dann oft, ich könnte einem Kind nicht das an Zeit und Zuwendung geben, was es verdient, also habe ich lieber keines.
Ein anderes Element ist natürlich auch, dass sich bei den potenziellen Großmüttern viel verändert hat. Die sind nicht

mehr so einfach verfügbar, die haben ihr eigenes Leben und ihre eigenen Aktivitäten, beruflich und privat. Meine Mutter war noch jeden Tag für meinen Sohn da, ich sehe meine Enkel nur sporadisch – für mehr hätte ich auch gar keine Zeit.

B.K.: *Ein häufig gegen bewusst kinderlose Frauen vorgebrachter Vorwurf ist jener des Egoismus. Wie sehen Sie das?*
G.S.: Eine kinderlose Frau gilt in vielen Köpfen einerseits noch immer als so etwas wie eine unfertige Frau, eine Frau, die ihre Erfüllung noch nicht gefunden hat. Und andererseits ist auch der Egoismus ein leider sehr hartnäckiges Klischee, das mit der Realität wenig zu tun hat. Es ist ja absolut kein Egoismus, sondern ein hohes Verantwortungsgefühl, wenn eine Frau sagt, ausreichend Zeit für Kinder und meine Karriere, das bringe ich einfach nicht unter einen Hut. Die Arbeit und den Zeitaufwand, der mit Kindern verbunden ist, nicht an Helfer delegieren zu wollen, ist kein Egoismus, sondern eine Form des Verantwortungsbewusstseins.

B.K.: *Also haben wir doch nicht alle ein Muttergen?*
G.S.: Das gibt es sicher nicht, und die heute idealisierte Form der Mutterschaft ist ja ein relativ junges historisches Phänomen. Mutterliebe ist wie die Liebe überhaupt eigentlich eine Erfindung der Neuzeit. Großbürgerliche oder adelige Frauen hatten früher kaum eine Beziehung zu ihren Kindern, weil das an Kinderfrauen delegiert war. Und Arbeiterinnen und Bäuerinnen auch nicht, weil sie sich den Luxus der Mutterliebe nicht leisten konnten und keine Zeit dafür hatten. Mutterliebe ist also bei weitem nicht so naturgegeben, wie uns oft eingeredet wird. Sie hat eigentlich erst diesen Stellenwert bekommen, als man es sich leisten konnte.

Gemeinsam sind wir stärker

In einem sind sie sich angesichts derartiger Zumutungen jedenfalls einig, all die Frauen ohne Nachwuchs, mit denen ich gesprochen habe: Es ist an der Zeit, endlich aufzuräumen mit den gängigen Vorstellungen, dass kinderlosen Frauen „eigentlich etwas fehlt", dass sie ihren genetisch fixierten Kinderwunsch schweren Herzens der Karriere opfern mussten oder dass sie nie den richtigen Mann für die Vermehrung ihrer Gene gefunden haben und darunter furchtbar leiden. Es ist an der Zeit aufzuzeigen, dass Kinderlosigkeit eine selbst gewählte, glücklich machende Lebensform sein kann, wie eben andere auch, und nicht bloß ein Fall für das Invitro-Fertilisations-Labor.

Ein klarer Fall für Lobbying

In vielen Diskussionen fällt mir auf, wie sehr wir Kinderlosen immer wieder als Einzelkämpferinnen gegen derartige Vorurteile anlaufen. Auch publizistisch wagen sich nur vereinzelte engagierte Frauen an die Verteidigung des kinderlosen Lebensstils heran. Zum Beispiel die Psychologin Christine Carl, die mit ihrem Buch „Leben ohne Kinder" „einen Beitrag leisten will, dass ein Leben ohne Kinder als ein Lebensstil unter anderen betrachtet und akzeptiert wird". Oder die Journalistin Susie Reinhardt, die in ihrem Buch „FrauenLeben ohne Kinder" ihre „Leserinnen ermutigen will, ihre Meinung standhaft zu vertreten".

Wahrscheinlich ist es also eine wirklich gute Idee, wie es Petra Öllinger im österreichischen feministischen Magazin *an.schläge* einmal vorgeschlagen hat, den „Club der Kinderlosen" zu gründen. Anderswo – vor allem in den USA, in Großbritannien oder Australien – gibt es derlei längst. Sie haben klingende Namen wie „No Kidding", „Kidding aside", „The British Childfree Association", „Childless by Choice", „Voluntary Human Extinction Movement", „Moral Childfree" oder „To breed or not to breed" – und tun etwas, was in unseren Breiten noch jede einzelne Kinderlose im Wesentlichen für sich selbst tun muss – wenn sie will. Nämlich für das Image und die Rechte und gegen die Diskriminierung von freiwillig kinderlos Gebliebenen einzutreten. Und dabei gehen sie gegen Zumutungen hart ran.

Da sind die freundlich vorgetragenen Forderungen von unsereiner, man möge doch einfach Kinderfreiheit als gleichberechtigten Lebensstil akzeptieren, im Vergleich an Bescheidenheit nicht zu überbieten. Den britischen Regierungsplan etwa, Vätern bei der Geburt ihrer Kinder zwei Wochen bezahlten Zusatzurlaub zu gönnen, kommentierte „Kidding aside" wütend: „Wieder einmal will die Regierung Menschen Vorteile gewähren, die auf Kosten aller anderen Kinder haben. Sich für Kinder zu entscheiden, ist eine Lebensstilentscheidung und ganz sicher nicht der einzige Grund, für private Angelegenheiten mehr Freizeit haben zu wollen. Dadurch, dass es für Menschen, nur weil sie Kinder bekommen, rechtliche und finanzielle Vorteile gibt, trägt die Regierung zur Fortsetzung des Mythos bei, Kinder in die Welt zu setzen sei eine Notwendigkeit und keine Lebensstilentscheidung."

Mehr Rationalität, bitte

Langweilig würde derartigen Vereinigungen jedenfalls auch in der deutschsprachigen Welt nicht. Da fallen mir doch gleich eine ganze Menge Forderungen und Ideen ein, für die sich ein Kinderlosen-Club einsetzen könnte und die im Wesentlichen einen gemeinsamen Nenner haben: Ein bisschen mehr Rationalität in die Diskussion zu bringen. Denn die scheint leider immer sofort abhanden zu kommen, wenn nur die Worte „Mutter" oder „Kinder" im Spiel sind.

Kinderfreier Urlaub

Zum Beispiel könnte ein Kinderlosen-Club jene Urlaubs-anbieter unterstützen, die spezielle Ferienziele für erholungsbedürftige Menschen mit wenig Lust auf junge und jüngste Urlaubsbekanntschaften haben. Wer nämlich meint, eine solche Frage würde ohnehin der Markt und das Spiel von Angebot und Nachfrage regeln, irrt: Man erinnere sich nur an den Sturm der Empörung, den zum Beispiel jener Hotelier am Wolfgangsee auslöste, der verkündete, nur mehr kinderlose Erwachsene beherbergen zu wollen. „Menschenverachtung" – ein Killerwort, das heute schon für alles herhalten muss – wurde ihm da in aufgebrachten Leserbriefen vorgeworfen, „Kinder- und Familienfeindlichkeit" hielten ihm Branchenkollegen vor, und der oberösterreichische Familienreferent fand es ganz und gar empörend, „dass der auch noch Werbung damit macht".

Was ist eigentlich so schlimm daran? Besagter Hotelier bedient damit – und das wird er sich wohl überlegt haben – eine echte Marktlücke, die in anderen Weltgegenden längst ein entsprechendes Angebot findet – zum Beispiel im Internetforum „Grownup Getaways." Für derartige Einrichtungen gibt es jedenfalls einen Markt, rechnete Freizeitforscher Peter Zellmann in einem Interview mit den Salzburger Nachrichten prompt vor: Ein Viertel der potenziellen Gäste, beruft er sich auf seine Untersuchungen zum Thema, würden kinderfreie Hotels begrüßen.

Und wer solche Urlaubsbleiben nicht mag, muss ja nicht hingehen: Ein Blick in die Kataloge „Kinderfreundliche Hotels" oder „Familienhotels" genügt, um adäquate Alternativen zu finden. Bei denen im Übrigen niemand auf die Idee kommt, sie „kinderlosenfeindlich" zu finden.

Manche findige Touristiker bemühen sich ohnehin längst um ein sinnvolles Nebeneinander der unterschiedlichen Bedürfnisse. Ich kenne eine Therme in Österreich, deren Betreiber es wohl mit der Bewerbung ihrer Kinderfreundlichkeit etwas übertrieben haben dürften und feststellen mussten, dass deshalb andere wellnesswillige, zahlungskräftige Klientel ausblieb. Die elegante Lösung: Neuerdings gibt es dort gegen einen saftigen Aufpreis, den ich bei Erholungsbedürftigkeit übrigens so wie viele andere gerne bereit bin zu berappen, eine eigene Ruhezone, die ausschließlich Erwachsenen vorbehalten ist.

Warum kein Kinderführerschein?

Ein anderes Thema wäre natürlich auch durchaus geeignet für das Programm eines Kinderlosen-Clubs: Nämlich die Frage der Verantwortung für Kinder. Wer sich gut überlegt, ob Kinder in ihr oder sein Leben passen, ist verdächtig, potenziell problematisch und verantwortungslos gegenüber der Gesellschaft. Kinder zu kriegen hingegen, ohne es sich wirklich zu überlegen, ist offenbar völlig in Ordnung – und schließlich soll das ja auch schon vorgekommen sein.

Für unendlich viele Dinge muss man spezielle Fähigkeiten nachweisen, um dann die entsprechende Lizenz zu bekommen: Auto fahren, Waffen tragen, fischen, ein Friseurgeschäft eröffnen. Für einen Lebensjob, der nicht ohne ist und in dem mangelnde Qualifikation ziemlich viel anrichten kann, braucht man weder Ausbildung noch Ernsthaftigkeitsnachweis: für die Elternschaft.

Kleines Gedankenexperiment: In Deutschland und Österreich gibt es seit längerem die Debatte, dass präsumtive Hundebesitzer einem Eignungstest unterzogen werden sollen, dem so genannten Hundeführerschein, um zu überprüfen, ob sie überhaupt in der Lage sind, mit einem vierbeinigen Begleiter richtig umzugehen. Viele Hundeliebhaber – ich eingeschlossen – können dem viel abgewinnen: Das würde zahlreiche Probleme mit nicht erzogenen oder gefährlichen Hunden vermeiden, das Zusammenleben vor allem im städtischen Raum erleichtern und noch dazu vielen Tieren ein trauriges Los wenig artgerechter Behandlung ersparen.

Jetzt geht das Gedankenexperiment weiter, und wir fordern einmal nach ähnlichem Muster einen Kinder-Führerschein. Wer Kinder will, muss dafür glaubhaft nachweisen, dass er oder sie sich das leisten kann, ausreichend Platz und geeignete Bedingungen bieten kann und der Herausforderung gewachsen ist. Lauter Dinge im Übrigen, die man dann überprüft, wenn jemand sich entschließt, ein fremdes Kind bei sich aufzunehmen. Würde man die strengen Regeln, die hierzulande auf Adoptionen angelegt werden, auf die natürliche Elternschaft anwenden – dann wäre tatsächlich Aussterbens-Gefahr im Verzug.

Klingt doch alles logisch, oder? Und jetzt stellen Sie sich einmal vor, welche Empörung einem Politiker entgegenschlagen würde, der eine solche Gesetzesinitiative auf den Tisch legt. Dabei – 160.000 schwer misshandelte Kinder in Deutschland jährlich oder 10.000 sexuell missbrauchte Kinder in Österreich, von denen ein nicht unerheblicher Anteil mit dem Täter unter einem familiären Dach lebt, könnten einem schon zu denken geben.

Muttertag, Vatertag, Kinderlosentag

Feste sind etwas Wunderbares – und ein neues Fest zu erfinden wäre auch eine verdienstvolle Aufgabe für unseren derzeit noch fiktiven neuen Kinderlosen-Verein. Selbstverständlich beschenke ich Frauen – das bin ich schon meiner politischen Tradition schuldig – am achten März mit Blumen. Ich mag solche Anlässe. Deshalb grüble ich auch schon längere Zeit über dem internationalen Kalender der ganz besonderen Tage, ob sich denn noch eine Lücke finden könnte für eine der modernen Welt entsprechende Ergänzung zum traditionellen Muttertag und dem schon viel weniger traditionellen, aber dafür vom Handel umso mehr geliebten Vatertag. Mein Vorschlag: Irgendwo zwischen dem Welttag der Familie, der internationalen Stillwoche, dem Welttag der Hauswirtschaft und dem internationalen Tag des Lehrers sollte es doch möglich sein, noch den europäischen Tag der coolen Tanten, den Welttag der lieben Stiefmütter und ganz besonders natürlich die globale Woche der glücklich Kinderlosen unterzubringen. Das wäre doch eine wunderbare Gelegenheit, zugleich der Botschaft Gehör zu verschaffen, dass nicht alle sich reproduzieren müssen, und auf die vielfältigen Beiträge hinzuweisen, die wir Kinderlosen zu Budgets und Sozialsystemen, zur Konsumbilanz oder zur weltweiten Ressourcenschonung beitragen.

Doofe Werbung, nein danke

Auch die sorgfältige Beobachtung der Werbung wäre eine sehr verdienstvolle Aufgabe für einen Club der Kinderlosen. Denn die so kreative Kommunikationsbranche ist vor Mütterkitsch auch kein bisschen gefeit, im Gegenteil. Erstaunlicherweise – dachte ich doch immer, dass besonders kaufkräftige Gruppen für die Werbung interessant sind. Und wir Kinderlosen hören doch immer, dass wir unter anderem wegen unserer Konsumbedürfnisse kinderlos bleiben und in jedem Fall eine ziemlich kaufkräftige Klientel sind.

Aber gut, Rationales mal beiseite. Aus irgendeinem Grund scheinen Mütter für Werber interessanter zu sein. Allerdings kommen sie immer ziemlich doof dabei weg: Freuen sich wie ein Christkind, dass die Schokoflecken mit diesen tollen Waschmittel-Megaperlen aus den unfassbar voll gekleckerten T-Shirts ihrer offenbar schlecht erzogenen Sprösslinge rausgegangen sind; sind schon deshalb glücklich, weil sie – das ist schließlich Erfahrungssache – immer genug von dieser möglicherweise auch noch ziemlich gesunden Süßigkeit zu Hause haben; tanzen mit Pudding an, wenn der Nachwuchs wieder einmal seine Seifenkiste gegen den Baum gefahren hat; und sind überglücklich, dass es jetzt endlich Windeln auch mit der ganz besonderen Hautformel gibt. In Wirklichkeit habe ich ja den Verdacht, dass die Werber um einiges beschränktere Horizonte haben als die derart dämlich dargestellten Muttertiere.

Aber gut, die Sorgen sollten sich eigentlich die Mütter machen, wenn ihnen was an ihrem Image liegt. Was uns Kinderlose betrifft, habe ich allerdings auch ein paar Produkte, die sich angesichts besonders irritierender Werbung für eine Boykottliste eignen würden: Zum Beispiel die Automarke, die neulich mit einem attraktiven Rabatt geworben hat, für jedes Kind ein wenig mehr. Im dazugehörigen Radiospot ließen die Kreativen eine hörbar alte Frau jammern: „Jetzt will ich auch noch ein Kind." Wie geschmackvoll.

Oder die Kreditkarte, die mit dem Baby-Bonus wirbt: Wer Kinder in die Welt setzt, kriegt die Karte ein halbes Jahr lang zum halben Preis. Und dann natürlich mehrere Waschmittelmarken und Süßigkeiten, die offenbar ohnehin nur für Mütter gedacht sind. Das Beste daran: Nichts von allem wird mir abgehen, wenn ich es nicht mehr kaufe.

Karenzurlaub für alle

Auch für mehr Freizeit für alle könnte sich ein Kinderlosen-Club einsetzen. Ganz ehrlich: Es könnte viele gute Gründe geben, einmal mindestens ein Jahr lang vom Arbeitstrott auszusetzen und dann sicher sein zu können, dass es den Job noch gibt – nicht bloß Nachwuchs. Warum sich also nicht einfach für Karenzurlaub für alle einsetzen? Die einen könnten ihn dann für die Befriedigung ihres Kinderwunsches verwenden und die anderen für eine Weltreise, soziales Engagement oder was auch immer. Und ganz nebenbei wäre damit ein nicht unwesentlicher Beitrag zum Abbau der beruflichen Diskriminierung jüngerer Frauen geleistet. Denn allen Arbeitgebern, die aus Sorge, sie könnten sich bald in den Mutterurlaub verabschieden, junge Frauen ungern einstellen, wäre mit einem solchen gleichen Karenzrecht für alle der Wind aus den Segeln genommen. Wie Arbeitgeber dazu kommen? Na ja, wie kommen sie eigentlich dazu, Jobs für Mütter zwei Jahre lang freizuhalten?

Die angeblich aussterbende Gesellschaft

Im internationalen Vergleich schneiden die Deutschen mit 1,3 und die Österreicherinnen mit 1,4 nicht gerade berühmt ab, wenn es um die Zahl der Kinder pro Frau geht: In Frankreich liegt diese Quote bei 1,8, in Dänemark bei 1,9 und in den USA sogar jenseits der magischen 2.

Dass die häufig zitierte problematische Alterspyramide, die dafür sorgt, dass es immer mehr Alte und immer weniger Junge gibt, gar nicht so viel mit der Kinderlosigkeit moderner Frauen zu tun hat, haben wir an anderer Stelle schon festgestellt. Denn die sinkenden Geburtenraten gehen in erster Linie nicht auf das Konto der Frauen ohne Nachwuchs, sondern auf das Konto des Verschwindens von Mehrkinderfamilien.

Zahlen und Fakten

Nachdem dieser Irrtum einmal ausgeräumt ist, widmen wir uns ein wenig den demografischen Details: Gibt es Trends und Gemeinsamkeiten, welche Frauen kinderlos sind? Einer ist jedenfalls ganz deutlich, nämlich ein Zusammenhang zwischen Kinderlosigkeit und Bildung: Mit steigender Bildung sinkt nicht nur die Kinderzahl pro Frau, sondern erhöht sich auch der Anteil der kinderlosen Frauen. Nimmt man in Österreich etwa die Gruppe der über 40-Jährigen zum Maßstab, so sind nur knapp 12 Prozent der Pflicht-schulabgängerinnen kinderlos, aber fast 21 Prozent der Ma-turantinnen/Abiturientinnen und 23 Prozent der Akade-mikerinnen. Wenn Bildung also eine so große Rolle spielt, liegt durchaus die Vermutung nahe, dass auch Werte wie Unabhängigkeit und berufliche Erfüllung eine wichtige Rol-le spielen, wenn Frauen sich für oder gegen eigene Kinder entscheiden.

Und zwar vor allem dann, wenn es nicht mehr bloß um ei-nen theoretischen Kinderwunsch geht, sondern um seine tatsächliche Verwirklichung. Eine Studie des Wiener Lud-wig-Boltzmann-Instituts für Frauengesundheitsforschung kam 2005 unter anderem zum Ergebnis, dass Kinderwunsch und tatsächliche Kinderzahlen nicht übereinstimmen: „Die 20- bis 39-jährigen Österreicherinnen wünschen sich im Durchschnitt 1,9 Kinder. Nach Schätzungen der Statistik Austria werden aber auf jede Frau weniger als 1,5 Kinder entfallen", schreiben die Autorinnen Beate Wimmer-Pu-chinger und Erika Baldaszti. „Auffallend ist weiters, dass die erreichte Schulbildung kaum einen Einfluss auf den ge-äußerten Kinderwunsch hat, während die tatsächlich reali-sierte Kinderzahl mit dem formalen Bildungsgrad sinkt und der Anteil der lebenslang kinderlosen Frauen steigt."

Zahlen und Zweifel:
Von der (Un-)zuverlässigkeit demografischer Prognosen

Dass die Geburtenraten in unseren Breiten seit den späten 60er, frühen 70er Jahren deutlich gesunken sind, darüber besteht kein Zweifel. Nicht ganz so ist es mit den Progno-sen, die einen weiteren Rückgang in Sachen Nachwuchs vorhersagen. Da mehren sich die Zweifel, wie präzise die Voraussagen tatsächlich sind – oder ob nicht vielleicht auch hier die Statistik durchaus politstrategisch eingesetzt wird.

Denn wollen wir nicht übersehen, dass wie das Amen im Gebet, wenn Politiker Begriffe wie Alterspyramide oder demografische Entwicklung in den Mund nehmen, auch so etwas wie „Sozialstaat redimensionieren", „harte Einschnitte nötig" oder ähnliches Vokabular folgt. Und wie lassen sich derart unpopuläre Dinge besser verkaufen als mit Verweis auf etwas, woran die werten Wählerinnen und Wähler schließlich selbst schuld sind: auf die demographische Entwicklung.

Grundsätzlich ist also bei den Prognosen, die den Untergang des Abendlandes heraufbeschwören, durchaus ein gerüttelt Maß an Skepsis angesagt. Ganz nach dem Motto: Traue keiner Statistik, die du nicht selbst gefälscht hast. Oder, wie es der französische Sozialromancier Jules de Goncourt viel eleganter ausdrückte: „Statistik ist die erste der ungenauen Wissenschaften."

Dafür, dass die Demografie samt ihren Prognosen eine Grundlage für sehr einschneidende politische Maßnahmen wie Sozialabbau und Pensionsreformen bildet, ist sie eine ganz schön unexakte Lehre. Kein Mensch kann heute verlässlich voraussagen, ob der Geburtenrückgang tatsächlich kontinuierlich anhält. Vor 40 Jahren prognostizierten Demografen für das Deutschland der Jahrtausendwende jedenfalls noch eine Überbevölkerung. Wir wissen heute auch, dass in den Bevölkerungsprognosen der vergangenen Jahre etwa das veränderte so genannte „Erstgebäralter" als markante Verhaltensänderung bei Frauen nicht ausreichend in den Zukunftsschätzungen berücksichtigt wurde. So ist etwa in den Mitteilungen des deutschen Bundesinstitutes für Bevölkerungswissenschaften vom 9.3.2001 nachzulesen, dass „wir für den Geburtenjahrgang 1965 vor einigen Jahren noch Kinderlosenanteile von mehr als 30 Prozent erwartet haben. Die neueren Schätzungen zeigen, dass sich über späte Erstgeburten die Kinderlosenanteile auf 27 Prozent verringert haben."

Einwände gegen die gängige Rhetorik kommen zum Beispiel von einem, der es wissen sollte: Statistikprofessor Gerd Basbach war selbst jahrelang im deutschen statistischen Bundesamt tätig. Heute lehrt er an der Fachhochschule Koblenz. Er wendet ein, dass Bevölkerungsprognosen bis 2050 als Grundlage politischer Entscheidungen untauglich sind und kritisiert, dass die Überalterungsprognosen wesentliche Faktoren unberücksichtigt lassen: Unter anderem den, dass auch unproduktive Kinder und Jugendliche finanziert werden müssen – und angesichts steigender Jugendarbeitslosigkeit ist das keine unbedeutende Gruppe. Auch die steigende Arbeitsproduktivität sei nicht berücksichtigt.

Der Kölner Professor für Politikwissenschaft Christoph Butterwege kritisierte in der *Frankfurter Rundschau:* „Hier fungiert die Demografie als Mittel der sozialpolitischen Demagogie. Überalterung und Schrumpfung der hiesigen Bevölkerung gelten als Hauptprobleme. Kinderkult, Muttermythos und Familienfetisch bilden die Kehrseiten des unsäglichen Geredes über Altlastenkoeffizienten."

Keinen Grund für Alarmismus sieht jedenfalls die Statistik Austria in ihrer im Oktober 2005 veröffentlichten Bevölkerungsprognose 2005 bis 2050: Die seit den 80er Jahren bei 1,4 relativ stabile Reproduktionsrate, sagen die österreichischen Demografen voraus, dürfte sich langsam in Richtung 1,5 einpendeln und dort ab 2030 stabil bleiben.

Kinderlose:
Verantwortungslose Killer
der Pensionskassen?

Frauen bleiben aus vielen unterschiedlichen Gründen kinderlos – ebenso wie Frauen wohl auch aus vielen unterschiedlichen Gründen Kinder kriegen. Doch weil sich so viele Politiker um die Zukunft des Sozialstaates Sorgen machen
oder zumindest so tun, als ginge es um die Zukunft, während in erster Linie aktuelle soziale Einschnitte damit
gerechtfertigt werden, sind kinderlose Frauen nicht nur in
ihrem persönlichen Umfeld, sondern auf gesellschaftlich-
politischer Ebene immer häufiger dem Egoismusvorwurf
ausgeliefert. Wie kommen wir dazu? Warum wird ein durchaus ordentlicher, passabler Lebensstil so heftig attackiert?
Jedenfalls ist die politische Diskreditierung der Kinderlosigkeit keine geeignete Antwort auf jahrelange mangelnde
Kreativität in Sachen Neuorientierung der Pensionsfinanzierung, und es löst gar nichts, das Problem auf die Ebene
der persönlichen Schuld kinderloser Frauen abzuwälzen.
Die Zeit-Redakteurin Christiane Graefe brachte es in einem
Special der deutschen Wochenzeitung schön auf den Punkt:
„Eine Lösungsstrategie ist es noch nicht, wenn komplexe
gesellschaftliche Veränderungen und das politische Versa-
gen, die Welt für Familien gut einzurichten, schlicht in private Schuld verwandelt werden. Und wenn Kinderlose pau-
schal als Karriere- und Genussmenschen ins Bild gesetzt

werden, die den Zweitwagen passend zum Business-Kostüm kaufen, die als Single für nichts Verantwortung übernehmen wollen und für die Blagen nur Lärmquellen sind."

Auch die konservativsten Politiker vertrauen nicht mehr so recht auf das Überzeugungs-Potenzial, das der Hinweis auf die natürliche Bestimmung der Frau und die Familie als Keimzelle der Gesellschaft vielleicht einmal hatte. Und machen uns Kinderlose daher gerne von den Widernatürlichen zusätzlich auch noch zu jenen, die für die Unfinanzierbarkeit des Pensionssystems verantwortlich sind. Sehr zum Ärger kinderloser Frauen: Wie kommen wir dazu, fragen sich viele, unseren Lebensstil der Demografie zu opfern?

Braucht es Kinder für Pensionen?

Es kann doch nicht möglich sein, dass die Zukunft des Planeten davon abhängen soll, ob in ein paar Industrieländern mehr Kinder geboren werden. Dass sich ein Teil der Frauen für ein anderes Leben entscheidet als für die Mutterrolle, kann doch kaum nachhaltigen Schaden anrichten.

Zum Glück bleibt das scheinbar unumstößliche Dogma, dass es im Umlageverfahren, das in Österreich und Deutschland die Grundlage des Rentensystems bildet, ohne Kinder auch keine Pensionen gäbe, unter Wirtschaftsexperten nicht mehr unwidersprochen. So betont der Würzburger Volkswirtschaftsprofessor Norbert Berthold, dass die Sicherheit der Renten bei weitem nicht bloß von der Bevölkerungsgröße abhänge. „Sie wird", so der Experte in einer Fachpublikation, „viel mehr von der Kapitalbildung und der Produktivität von Arbeit und Kapital bestimmt." Kinder sichern also nur dann Renten, wenn sie einmal einen Job haben – und wer kann das schon garantieren? Und: Mit wenigen sehr produktiven Arbeitskräften lässt sich mindestens so viel erwirtschaften wie mit vielen wenig produktiven.

Wer allein die demografische Entwicklung zum Maßstab

für die Gestaltung des Pensionssystems macht, übersieht dabei einen wichtigen Punkt: Ausschlaggebend für die Finanzierung des Umlageverfahrens ist weder allein die Alten- noch die Kinderquote an sich, sondern in erster Linie die Pensionsquote, also wie viel aktives Erwerbseinkommen zu einem bestimmten Zeitpunkt den Pensionsbezügen gegenübersteht.

Die Erwerbsbeteiligung – also jener Anteil von Menschen im Erwerbsalter, der tatsächlich berufstätig ist – liegt in Österreich derzeit nur bei 68 Prozent, in skandinavischen Ländern wie Dänemark oder Norwegen bei 80. Auch hier ist also noch einiges an Spielraum verborgen, was die Pensionsfinanzierung betrifft.

Politische Strafaktionen gegen Kinderlose

Derart differenzierte Argumente taugen für populistische Politik aber nicht. Und daher ist es neuerdings geradezu en vogue, Konzepte der ökonomischen Bestrafung eines Lebens ohne Kinder nicht nur zu diskutieren, sondern auch umzusetzen. Wenn es darum geht, Kinderlose finanziell zu benachteiligen, sind Politiker ungewohnt kreativ.

Eines von zahllosen Beispielen: In Deutschland wurde 2003 die Eigenheimzulage reduziert. Kinderlose Ehepaare – und nicht verheiratete Paare sowieso – erhalten keine Eigenheimförderung mehr. Aber immerhin: Sie haben vier Jahre Zeit, um ihren, wie es im Juristendeutsch heißt, „Status" zu ändern – also noch rasch ihren Zeugungs- und Gebärpflichten nachzukommen. Inkonsequent dabei war nur, dass nicht auch gleich der Name geändert wurde: Statt Eigenheim- müsste es nun wohl folgerichtig Geburtenförderung heißen.

Nichts ist unsicherer als die Zukunft

Neben der Beschränkung bestimmter Förderungen auf Familien mit Kindern sind vor allem Vorschläge populär, Kinderlose als Ausgleich zu ihrer empörenden Reproduktionsverweigerung in der einen oder anderen Form stärker als Eltern mit der Finanzierung des Rentensystems zu belasten. Auch wenn diesen Ansätzen jede Logik fehlt. Denn in unseren umlagenfinanzierten Systemen sind es in erster Linie die jeweils aktuellen Einzahler, die das Funktionieren der Finanzflüsse garantieren. Also unter anderem die vielen kinderlosen Frauen, die zeitlebens arbeiten und damit die gegenwärtigen Rentenbezieher finanzieren. Was aus dem heutigen Nachwuchs wird – brave Einzahler oder Dauerarbeitslose, Politiker oder Beamte, die aus Steuergeld Pensionen beziehen, ohne zur Produktivität beizutragen – kann wirklich niemand voraussagen.

Die geplanten, diskutierten oder schon umgesetzten politischen Maßnahmen, die letztlich auf die eine oder andere Form einer Strafsteuer für Kinderlose hinauslaufen, haben bei genauer Betrachtung also nicht mehr oder weniger Berechtigung als etwa die Forderung, Zusatzzahlungen für Eltern einzuführen. Denn die Spekulation, heute Kinder zu zeugen, sei eine Garantie für die Sicherung der Pensionen von morgen, ist nichts als ein Wechsel auf Verdacht. Wäre es eine gesicherte Investition, könnte ich zumindest mit einer gewissen Differenzierung noch mitgehen. Aber wer sagt uns denn, dass die Kosten für die Kinder von heute nicht verlorene Zuschüsse sind, was die Zukunft betrifft? Da kann man eigentlich nur mit Mark Twain sagen: „Voraussagen sind gefährlich, vor allem, wenn sie die Zukunft betreffen."

Kinderlose, an die Arbeit

Das alles hindert aber offenbar Politiker wie Experten nicht daran, hartnäckig sonderbare Ideen zum Thema Pensionsvorsorge und Kinderlose zur Diskussion zu stellen. So schlug etwa die inzwischen von blau zu orange mutierte österreichische Politikerin Ursula Haubner, damals Staatssekretärin im Sozialministerium, in einem Anflug von Kreativität in Sachen politischer Bestrafungsaktionen vor, dass kinderlose Frauen in Zukunft länger arbeiten sollten. Auch Frauenministerin Maria Rauch-Kallat konnte sich als Reaktion darauf zunächst einmal grundsätzlich dafür erwärmen, das Pensionsalter von Frauen ohne Betreuungspflichten anzuheben.

Inspiriert hatte die beiden bekinderten Politikerinnen möglicherweise der Präsident des Verfassungsgerichtshofes Karl Korinek, der in einer TV-Pressestunde verkündet hatte, das in Österreich generell niedrigere Pensionsantrittsalter für Frauen „sei nicht argumentierbar bei Frauen ohne Kinder." Wobei mir die Logik dieser Aussage bis heute verborgen bleibt: Denn entweder ist das niedrigere Pensionsalter für Frauen gegenüber Männern generell nicht argumentierbar. Oder aber Frauen ohne Kinder können früher in Pension, weil sie ja schon viel mehr Versicherungsjahre angesammelt haben als Mütter. Aber Logik und Familiendiskussionen gehen generell schlecht zusammen.

Beide Volksvertreterinnen machten übrigens rasch einen Rückzieher und dementierten. Möglicherweise hatten ihre Büros inzwischen kurz mal nachgerechnet, wie viele Wählerinnen derartige Sager heute schon verprellen könnten.

Bei der Linie, dass kinderlose Frauen weniger wert sind als Mütter, blieb die Regierung trotzdem. Als die österreichische Bundesregierung im Sommer 2005, aus Anlass des Gedenkjahres, die „Trümmerfrauen" der Jahrgänge 1930 und älter mit einem großzügigen Geschenk von je 300 Euro als Anerkennung ihrer Leistungen für den Wiederaufbau bedachte, waren Nicht-Mütter wieder einmal ausgeschlossen.

Weniger Geld für Nachwuchsverweigerer

Die Forderung, dass Kinderlose länger arbeiten sollen, ist nur eine Variante der fixen Idee, Nachwuchsverweigerer zum Handkuss kommen zu lassen. Das von Wirtschaftskammer und Industriellenvereinigung unterstützte Institut Austria perspektiv schlug Anfang 2005 vor, die Zahl der Kinder, die jemand in die Welt gesetzt hat, in die Pensionsberechnung mit einzubeziehen. So könnte die Rente für Kinderlose, meinten die Vordenker der österreichischen Wirtschafts-Lobby, bis auf die Hälfte gekürzt werden.

Dass Politiker der größeren Regierungspartei nach anfänglichen Sympathien für derartige Ideen recht rasch wieder einen Rückzieher machten und sich davon distanzierten, hat, so fürchte ich, wenig damit zu tun, dass sie nach nochmaligem Hinsehen die Absurdität erkannt hätten. Sondern schlicht mit der Meinungsforschung – schließlich erhob das Wiener OGM-Institut, dass nicht nur die Kinderlosen selbst, sondern eine deutliche Mehrheit aller Österreicher von 73 Prozent gegen Pensionskürzungen für Nicht-Gebärerinnen sind.

Auch in Deutschland fehlt es nicht an einschlägigen Vorschlägen. Und allen ist eines gemeinsam: Von der Wahlfreiheit Gebrauch zu machen und aus freien Stücken auf Nachwuchs zu verzichten ist liederlich – und gehört bestraft. So ging etwa auch das CSU-Rentenkonzept 2004 offenbar vom Bild aus, dass die Produktion von Kindern der zentrale Beitrag zur Altersvorsorge ist. Pro Kind, so der damalige Stoiber-Vorschlag, sollten Menschen 50 Euro weniger Pensionsbeitrag pro Monat zahlen müssen. Unterstützt werden die Politiker bei solchen Überlegungen eifrig von Wirtschaftsexperten. „Der Hauptgrund für zukünftig erforderliche Rentenkürzung liegt in der Kinderarmut", meinte etwa Prof. Hans-Werner Sinn, Präsident des Ifo-Instituts für Wirtschaftsforschung in München. Korrekturmaßnahmen im Sozialsystem müssten sich daher seiner Meinung nach auf Kinderlose konzentrieren, damit „natürliche ökonomische Motive für den Kinderwunsch wieder zum Vorschein kommen". Wenn das dann nicht nur „ätsch" ausgeht – etwa so wie in der amüsanten Werbekampagne einer großen österreichischen Versicherung, die mit witzigen Situationen davor warnt, sich auf die künftige Solidarität der lieben Kleinen zu verlassen.

Wer pflegt mich?

Bei programmatischen Vorschlägen blieb es in der Vorsorgedebatte übrigens nicht – deutsche Gerichte sorgten auch für die konkrete Umsetzung von Strafmaßnahmen für Kinderlosigkeit. Das Karlsruher Verfassungsgerichtsurteil zur Pflegeversicherung vom 3.4.2001 verfestigte einmal mehr die Überzeugung, in Deutschland gäbe es zu wenige Eltern und zu viele Kinderlose. Das Ergebnis dieser Ideologie in Zahlen: Seit 1. Januar 2005 zahlen Kinderlose zwischen 23 und 65 Jahren 1,1 Prozent des Bruttogehalts bis zur Bemessungsgrenze statt wie vorher 0,85 Prozent in die Pflegeversicherung ein. Der Arbeitgeberanteil bleibt bei 0,85 Prozent. Na zumindest eine gute Nachricht, wer weiß, vielleicht gäbe es sonst womöglich in Zukunft statt firmeneigener Fitness- plötzlich Firmen-Fertilitätsprogramme für Mitarbeiter, um Kinderlosen-Zuschlag zu sparen.

Konsequent waren die Karlsruher Richter bei ihren Pflege-Überlegungen außerdem auch nicht: Denn wenn schon dazu übergegangen werden soll, das Problem des angeblichen künftigen Pflegenotstandes zu individualisieren, dann wäre doch bei anderen Gruppen noch viel mehr zu holen, die sicher auch einen erhöhten Pflegebedarf haben werden: Also wie wäre es zum Beispiel mit höheren Pflegeversicherungsbeiträgen für Trinker, Raucher, Fettesser und Couch-Potatoes?

Schluss mit Strafen

Vorschläge dieser Art bringen die Zielgruppe der diskutierten, geplanten oder bereits realisierten Bestrafungsmaßnahmen naturgemäß auf. Und sie haben gute Argumente auf ihrer Seite. „Weil wir angeblich schuld sind am Pensionsdesaster, will man uns dann auch gleich noch mal zur Kasse bitten", kritisiert die Managerin Andrea Kdolsky. „Wenn jemand fordert, Kinderlose sollten deutlich weniger Pension bekommen, dann rechnet das ja wesentliche Dinge nicht mit ein. Ich habe ohne Ausfälle durchgehend gearbeitet, ich war die ganze Zeit in der höchsten Steuerklasse und habe damit unter anderem Kindergeld und Kinderbetreuungseinrichtungen mitfinanziert."

Auch andere meiner kinderlosen Interviewpartnerinnen können Andrea Kdolsky nur zustimmen. „Eine echt tolle Idee, diese Bestrafungsaktionen. Als nächsten Schritt könnte man vielleicht auch noch gelbe Armbinden für alle einführen, die ihrer Zeugungs- und Gebärpflicht nicht nachgekommen sind", sagt Eva Langthaler, Business-Unit-Managerin in einem großen Pharmaunternehmen. Wer übrigens meint, Nazi-Anspielungen gingen vielleicht doch zu weit, sei nur an eines erinnert: Schon 1933 führten die besonders vermehrungsfixierten Nationalsozialisten eine Sondersteuer für Unverheiratete ein, die später auch von kinderlosen Paaren zu bezahlen war. Aber zurück zur Gegenwart: „Diese Fixierung auf Bevölkerungswachstum ist doch unsinnig. Und man muss bei solchen Ideen ja auch sehen, dass Kinderlose ein Wirtschaftsfaktor sind, der wichtig ist", rückt Eva Langthaler die Dimensionen zurecht. „Sie können sich sehr oft mehr leisten als andere. Und außerdem kriegt unsere Generation ohnehin schon alles ab. Wir arbeiten extrem viel, und wahrscheinlich viel länger als Generationen vor uns, werden trotzdem weniger Pension bekommen, sollen aber Kinder als Pensionszahler produzieren, gleichzeitig für eine Privatvorsorge ansparen. Das ist eine unkreative Diskriminierung, die das Problem auch nicht löst."

Doch nicht nur die Benachteiligung Kinderloser durch politische Strafaktionen irritiert. „Dahinter steht doch das Konzept, Frauen als Gebärmaschinen zu sehen. Das finde ich furchtbar abstoßend. Frauen sind heute selbstbestimmt und lassen sich nicht mehr instrumentalisieren, und das ist gut so", meint die Wiener Museumskuratorin Romana Schuler.

Die Absurdität von Vorschlägen, Kinderlosen die Renten zu kürzen, brachte auch die österreichische Journalistin Elisabeth Rechmann in einem Kommentar in der Tageszeitung *Der Standard* schön auf den Punkt: „Was ist mit den zeitgemäßen Patchwork-Familien? Gilt es dann auch als pensionssichernde Kinderaufzucht, sich nicht selbst zu reproduzieren, aber dafür den Nachwuchs aus früheren Partnerschaften mit zu heiraten? Sind Sonderregelungen für Adoptivkinder geplant? Prämien für Zwillinge? Zuschläge für teure IVF-Geburten?"

Unterstützung für solche Argumente kinderloser Frauen kommt manchmal auch von ganz unerwarteter Seite. Auf die Pensionskürzungs-Idee der Wirtschaftslobby konterte der Journalist Johannes Huber in den *Vorarlberger Nachrichten*, die nun wahrlich kein Kampfblatt linker Emanzen sind: „Die Industriellenvereinigung müsste eigentlich wissen, dass die Produktivität entscheidend ist. Und was das betrifft, so macht ein Vergleich sehr deutlich, dass es überhaupt keinen Grund gibt, gleich panisch zu werden: Um 1900 herum hat ein Bauer drei Konsumenten mit Milch, Käse, Eiern und Wurst versorgt. Heute sind die Bauern so produktiv, dass es ein einziger von ihnen schafft, über 80 Mitmenschen zu ernähren. Dasselbe gilt natürlich auch für die Altersversorgung: Immer weniger Erwerbstätigen ist es möglich, für immer mehr Pensionisten aufzukommen."

Nicht-Eltern als Nettozahler

Wer Kinderlose zu höheren Rentenbeiträgen oder niedrigeren Bezügen vergattern will, agiert vermeintlich populistisch, kann aber nicht ernsthaft am Bestand des Sozialstaates interessiert sein. Denn solche Rechnungen gehen nicht auf.

Im Gegenteil: Frauen, die auf Nachwuchs verzichten, tun ohnehin eine Menge für die öffentlichen Kassen. „Kinderlose leisten einen wichtigen Beitrag zum Sozialsystem. Die Produktivität kinderloser Frauen ist in aller Regel beachtlich. Sie sind sehr oft in einem hohen Steuersatz, bleiben ihr Arbeitsleben lang im Produktionsprozess, haben keine Pflegeurlaube, keine Babypausen", rechnet Roswitha Hasslinger, Mitglied der Geschäftsführung eines großen Meinungsforschungsinstituts, vor.

„Das ist so eine Frechheit, da kann man eigentlich gar nicht mehr viel dazu sagen. Kinderlose tragen aufgrund ihrer Kinderlosigkeit enorm zum Sozialsystem bei, weil sie wenig daraus lukrieren, aber viel einzahlen", meint auch Karin, die als Angestellte bei einer Partei arbeitet.

Klar ist: Die meist kontinuierlich berufstätigen kinderlosen Frauen konsumieren im Laufe ihres aktiven Lebens deutlich weniger Sozial- und Transferleistungen aus den staatlichen Budgets. Sie zahlen überdurchschnittlich viel Steuern und Sozialabgaben und finanzieren überdurchschnittlich stark die derzeitigen Pensionsausgaben. Sie bezuschussen mit ihren Abgaben Schulen und Universitäten, Lehrlingsprogramme und andere Einrichtungen und Maßnahmen, mit denen anderer Leute Kinder zu hoffentlich produktiven Arbeitskräften heranwachsen. Und das soll kein Beitrag zum Generationenvertrag sein?

Nicht die Lebensform der Kinderlosigkeit ist es, die Finanzierungsprobleme bringt. Wenn alle kinderlose Frauen sich zu Kindern und in die Küche zurückziehen würden, geriete der moderne Sozialstaat hingegen gehörig ins Wanken.

Vielleicht wäre es also vernünftig, den Beitrag einer Person zum Gemeinwohl daran zu messen, was er oder sie finanziell zum System beigetragen hat, und nicht so sehr an der Frage, ob sie sich fortgepflanzt hat. Könnte man sich also bitte statt ständig gegen Kinderlose zu polemisieren einfach damit abfinden, dass es so eben zugeht in der modernen arbeitsteiligen Gesellschaft: Die einen gebären, die anderen finanzieren. Und das eine funktioniert ohne das andere nicht.

Wenn wir alle Kinder hätten

Unter volkswirtschaftlichen Gesichtspunkten wird die Frage der Nachwuchsproduktion gerne darauf reduziert, ob ausreichend künftige Pensionszahler in die Welt gesetzt werden. Unberücksichtigt bleibt in diesen Kalkulationen die sozialökonomische Gegenwart: Was wäre, wenn sich die Geburtenraten so nach oben entwickelten, wie das die bevölkerungspolitischen Beschwörungen vorsehen?

Einen interessanten Hinweis auf die volkswirtschaftlichen Auswirkungen, die es hätte, würden plötzlich alle kinderlosen Frauen den Appellen nachgeben und zu Müttern mutieren, lieferte der Wirtschaftforscher Alois Guger in den WIFO-Monatsberichten 9/2003 in seinem Beitrag „Direkte und indirekte Kinderkosten in Österreich". Frauen, die neben der Kinderbetreuung erwerbstätig bleiben, verdienen je nach der Zahl der Kinder um 540 bis 690 Euro weniger als kinderlose Frauen. Wenn sie ihre Erwerbstätigkeit ganz aufgeben, büßen sie 1250 Euro ein. Je nach Erwerbsart, rechneten die WIFO-Forscher aus, summiert sich schon der individuelle Einkommensentgang einer Mutter bis zum 17. Lebensjahr des Kindes auf 110.000 bis 220.000 Euro.

Auf Basis dieser Kalkulation jetzt ein kleines Zahlenspiel, das zwar – zugegeben – mit dem kleinen Makel behaftet ist, dass sich „Was wäre wenn"-Szenarien naturgemäß nie präzise berechnen lassen, das aber doch einen ganz guten Eindruck von den volkswirtschaftlichen Dimensionen gibt, von denen hier die Rede ist.

Nehmen wir also einen Durchschnitt aus den Einkommenseinbußen von 165.000 Euro pro Mutter und Kind. Würden nur 150.000 der kinderlosen Frauen – und damit also ohnehin nur ein Teil von ihnen – jeweils ein Kind bekommen, ginge daraus insgesamt allein schon ein Konsumvolumen von 24,75 Milliarden Euro verloren. Wie das wohl der ohnehin ständig über Umsatzprobleme klagende Handel sehen würde?

Gehen wir dann noch von verloren gehenden Abgaben – also Steuern und Sozialversicherungsbeiträgen – von gerundeten 50 Prozent der durch die Nachwuchspflege reduzierten Nettoeinkommen aus, dann gingen dem österreichischen Budget in diesem Szenario bis zum 17. Geburtstag dieser zusätzlichen Kinder allein schon Einnahmen von rund 12,4 Milliarden Euro verloren. Gleichzeitig müsste die öffentliche Hand aber an die zusätzlichen Mütter aus Kindergeld und Kinderbeihilfe insgesamt 16,9 Milliarden Euro auszahlen. Nulldefizit ade. Von der fehlenden Produktivität durch die verloren gegangenen Arbeitskräfte wollen wir hier einmal großzügig absehen – die Größenordnungen sind auch so klar.

Die Subventionierung der Gebärfreudigkeit

Bevor wir uns von trockenen Zahlen wieder ab- und Frauenerfahrungen zuwenden, ist es in diesem Zusammenhang auch noch interessant, ein anderes Dogma, das den politischen Diskurs bestimmt, genauer unter die Lupe zu nehmen. Nämlich der verbreiteten Logik, dass zwecks Zukunftssicherung mehr Kinder notwendig sind und daher das Kinderkriegen aus öffentlichen Mitteln subventioniert werden muss.

Das lassen sich die öffentlichen Haushalte – jedenfalls im deutschsprachigen Raum – auch jede Menge kosten. Budgetdefizite hin, sonstige Einsparungen her. Ganze 49 Beispiele für Unterstützungen oder Vorteile für Eltern hat die Ökonomin Astrid Rosenschon vom Kieler Institut für Weltwirtschaft in einer Studie ausfindig gemacht: vom Kinderfreibetrag bei der Errechnung der Einkommenssteuer über die beitragsfreie Mitversicherung für nicht berufstätige Mütter, vom Mutterschaftsgeld bis zur Berücksichtigung erwerbsloser Kindererziehungszeiten bei der Berechnung der Pension.

Allein die Ausgaben für das Kindergeld machen in Deutschland laut Statistik des Finanzministeriums 35 Milliarden Euro jährlich aus. Für das erste Kind gibt es 154, für jedes weiter 179 Euro monatlich, bis der Nachwuchs 18 ist. Dazu kommt dann noch nach der Geburt Erziehungsgeld für nicht oder nicht in Vollzeit arbeitende Eltern nach der Geburt – allerdings einkommensabhängig. 300 Euro pro Monat können das bis zum Ende des zweiten Lebensjahres des Kindes sein oder 450 bis zum Ende des ersten Lebensjahres, mit definierten Obergrenzen.

Besonders großzügig ist die finanzielle Subventionierung der Mutterschaft – im Europavergleich gesehen – in Österreich. 436 Euro pro Monat gibt es da Kindergeld, bis zu 30 Monate lang, und sogar volle drei Jahre, wenn der zweite Partner auch sechs Monate beim Nachwuchs zu Hause bleibt. Und all das unabhängig davon, ob die dergestalt finanzierte Mutter zuvor je im Arbeitsprozess war und Sozialversicherungsbeiträge geleistet hat oder nicht. Die einzige Gegenleistung: Die Mutter muss im so genannten Mutter-Kind-Pass nachweisen, dass sie während der Schwangerschaft die fünf vorgeschriebenen Untersuchungen machen ließ und dann beim Säugling bis zum 18 Lebensmonat noch mal fünf Untersuchungen. Dazu kommt die so genannte österreichische Familienbeihilfe von 105,40 Euro pro Monat für Kinder bis drei Jahre, die mit dem Alter der Kinder ansteigt.

Insgesamt wurden in Deutschland im Jahr 2001 gut 180 Milliarden Euro für familienfördernde Maßnahmen ausgegeben. Das ist, gemessen am Bruttosozialprodukt, ein Vielfaches von den USA, wo die Geburtenrate allerdings höher ist. Finanzielle Anreize für Reproduktion belasten die Staatshaushalte also beträchtlich – führen aber nicht unbedingt zum gewollten Erfolg. Denn eindimensionale Modelle von der komplexen Gesellschaft wie „mehr Geld heißt mehr Geburten" gehen nicht auf.

Kinder kann man nicht kaufen

Öffentliches Geld fürs Kinderkriegen ist nämlich gar nicht so sehr entscheidend dafür, wie gebärfreudig Frauen sind. Jedenfalls steigt der Kindersegen nicht mit den Ausgaben für Familien an, wenn man verschiedene europäische Länder vergleicht. In Frankreich zahlt der Staat nur 112 Euro Kindergeld – und auch das erst ab dem zweiten Kind. Und trotzdem kommen relativ auf die Bevölkerung bezogen viel mehr kleine Gallier auf die Welt als kleine Österreicher. Acht Prozent ihrer gesamten Sozialausgaben wendeten die damals noch 15 EU-Länder im Jahr 2003 im Durchschnitt für Kinder- und Familienförderung auf. Während Deutschland und Österreich mit 10,7 bzw. 10,5 Prozent deutlich über dem Durchschnitt lagen, waren ihre Fertilitätsraten unter dem Europa-Schnitt. Großbritannien hingegen mit einem Aufwand von nur 6,7 Prozent hat mit stolzen 1,71 Kindern pro Frau trotzdem eine im Europavergleich überdurchschnittlich hohe Fertilitätsrate.

Hohe Transferzahlungen an Mütter ohne Gegenleistungen haben also gleich mehrere Haken und sind daher entsprechend fragwürdig. Einmal sind Füllhorn-Aktionen wie das österreichische Kindergeldmodell beschäftigungsfeindlich: Ausbezahlt wird über die zwei Jahre nach der Geburt hinaus, nach denen der Kündigungsschutz erlischt. Effektive Wiedereinstiegsmaßnahmen fehlen. Aber genau dieser Effekt, Frauen zurück an Herd und Heim zu schicken, war ja wahrscheinlich von der Wenderegierung beabsichtigt.

Dazu kommt, dass die Proponenten großzügiger Gebärsubventionierungen eines unterschätzen: Es sind nicht notwendigerweise derartige äußere Umstände, die Frauen vom Kinderwunsch abbringen. Viele Frauen wollen ganz einfach nicht Mütter sein, auch wenn man sie dafür bezahlt.

Sprösslinge als Geldquelle?

Ganz emotionslos betrachtet könnte man die Nachwuchs-Subventionierung eigentlich schon deshalb in Frage stellen, weil die Erfüllung des eigenen Kinderwunsches nichts anderes ist als die Entscheidung für eine bestimmte Lebensform. Und auch andere private Lebensstilentscheidungen sind aus privaten Mitteln zu finanzieren.

Während eine solche generelle Abkehr von der staatlichen Förderung der Mutterschaft aber nicht ernsthaft zur Debatte steht, beschäftigt Experten zunehmend eine problematische Konsequenz der Gebärsubventiontierung. Es gibt vermehrt Debatten darüber, dass offenbar viele Menschen ohne berufliche Perspektive oder vernünftiges Einkommen Kinder auch deshalb in die Welt setzen, um zumindest an die kinderbezogenen Transferleistungen zu kommen. Mit einem gravierenden Problem, einmal die Lebensbedingungen der aufgrund solcher Überlegungen geborenen Kleinen beiseite lassend: Die Chance dieses Nachwuchses, aus der Armutsfalle und aus den familiär vorgegebenen Lebensbedingungen herauszukommen, ist denkbar gering. Und so werden in vielen Fällen statt künftiger Beitragszahler künftige schlecht ausgebildete Langzeitarbeitslose herangezogen.

„Ich sehe das, was in der aktuellen Debatte oft als negative Selektion beim Nachwuchs bezeichnet wird, mit einer gewissen Sorge", sagt die selbstständige Unternehmensberaterin Andrea Bumharter. „Die gut ausgebildeten, erfolgreichen Frauen haben zu einem guten Teil keine Kinder. Letztlich heißt das auch, dass viele Mädchen wieder in extrem traditionellen Rollenklischees aufwachsen – das gibt mir für die Zukunft der Frauen schon sehr zu denken."

Die gelernte Biotechnologin, selbst kinderlos, greift damit etwas auf, was zunehmend zu einem Thema wird. 41 Prozent der Akademikerinnen bleiben heute in Deutschland bis zu ihrem 40. Lebensjahr kinderlos. Diese Kinderabstinenz ausgerechnet der Eliten ruft Diskussionen über eine soziale Kluft bei der Fortpflanzung hervor.

Von Häschen und Gräschen

„Gespaltenes Fertilitätsverhalten" nennt die Gießener Universitätsprofessorin Uta Meier das Phänomen, dass ausgerechnet diejenigen, die sich Kinder eigentlich am wenigsten leisten können, dem Aufruf nach mehr Fruchtbarkeit folgen und ihre Kinderwünsche offenbar am ehesten voll erfüllen – mit allem daran geknüpften Armutsrisiko. Immerhin leben heute in Deutschland schon zwei Millionen Kinder in einem armen Haushalt. In Österreich wird die Zahl der Kinder, die unter der Armutsgrenze leben, auf knapp 100.000 geschätzt.

Offenbar klappt es also nicht ganz so wie im Sprichwort, dass Gott schon ein Gräschen schickt, wenn er ein Häschen geschickt hat. Aber zum Glück werden die Häschen ja nicht geschickt, sondern frau kann sich aussuchen, ob sie solche will.

Dabei wäre es durchaus angebracht, die Entscheidung für oder gegen Kinder genau so rational und geplant anzugehen wie die Entscheidung für eine große Anschaffung – wobei mir übrigens wenige Anschaffungen einfallen, die ähnlich einschneidende Auswirkungen auf das eigene Leben haben.

Wenn man überlegt, ein Haus oder eine Eigentumswohnung zu erstehen, ist rasch ein effizienter Bankberater zur Stelle, der neben anderen Dingen eine praktische Checkliste hat: Dort ist aufgelistet, was man verdient, welche Fixkosten man hat, welche monatliche Belastung der Hauskredit mit sich bringt, und mit ein paar kleinen Rechenübungen ist rasch klar, ob sich das ausgehen kann oder nicht. Würde man Ähnliches jemandem empfehlen, der oder die daran denkt, sich ein Kind zuzulegen, wäre man rasch mit dem Vorwurf der Herzlosigkeit konfrontiert.

Inder statt Kinder und andere Alternativen zum Gebären

Kinder in die Welt zu setzen gilt offenbar nicht nur als eine Leistung, der im Höchstmaß gesellschaftlicher Respekt und allgemeine Anerkennung entgegenzubringen ist, und bei der sich jeder Scherz und jede Kritik aufhört. Sondern es wird auch als ein wesentlicher Beitrag zur gesellschaftlichen Produktivität gesehen. Ob sich diese öffentliche Funktion der Familienvermehrung, für Bevölkerungswachstum und damit für ausreichenden Nachschub am Produktionsfaktor Arbeit zu sorgen, allerdings nur über mehr selbst gezeugte und geborene Kinder erreichen lässt, ist fraglich.

Eine der Alternativen zur Verbesserung der Bevölkerungsbilanz ohne höhere Geburtenraten ist – allen xenophoben Agitatoren zum Trotz – in Europa längst gängige Praxis: Die Zuwanderung von Menschen aus anderen Ländern. „Wir haben eine negative Geburtenbilanz und schon seit gut zehn Jahren kommt unser Bevölkerungswachstum vor allem von der Migration", sagt die Meinungsforscherin Roswitha Hasslinger, der als selbst kinderloser Frau die Appelle zur Fortpflanzung als gesellschaftliche Pflicht gegen den Strich gehen. „Dass sie da sind, das wirft man den Migranten dann aber vor. Frauen ohne Kinder sind die angeblichen Totengräberinnen des Pensionssystems, Migrantinnen, die Kinder kriegen, stempelt man zu Sozialschmarotzerinnen. Man wird sich schon entscheiden müssen: Was wollen wir eigentlich?"

Was wir wollen sollten, das beantworten uns die Statistiker. Bis 2050, so die aktuelle Bevölkerungsprognose der Statistik Austria, soll die Bevölkerungszahl der Alpenrepublik von derzeit 8,2 auf neun Millionen Einwohner anwachsen. Dr. Gabriela Petrovic, Direktorin der staatsnahen Statistikinstitution: „Das Wachstum wird langfristig nur durch Zuwanderung erreicht werden. In den nächsten 20 Jahren werden sich Geburten und Sterbefälle noch die Waage halten. Danach ist mit einem stärkeren Geburtendefizit zu rechnen. Die jährlichen Wanderungsgewinne werden künftig den Hauptmotor des Bevölkerungswachstums bilden."

Zur Erreichung dieses Ziels muss es, entgegen mancher xenophober Warnungen, überhaupt nicht zur Migrationsexplosion kommen. In Österreich betrug – bei bekannt restriktiver Handhabung der Zuwanderung – der so genannte Wanderungsgewinn, also der Saldo von Zuwanderern (127.000) und Abwanderern (76.800) zuletzt 50.600 Personen pro Jahr. Schon wenn sich dieser Saldo auf nur 20.000 pro Jahr einpendelt, rechnen die Demografen vor, ist Bevölkerungswachstum gewährleistet. Ähnlich sehen, in Relation zur Bevölkerungszahl, die Szenarien der so genannten koordinierten Bevölkerungsberechnung des Statistischen Bundesamtes für Deutschland aus, die von rund 200.000 Zuwanderern im Jahr für eine positive Bewohnerbilanz ausgehen.

Arbeitskräfte werden gerufen, Menschen kommen

„Kinder statt Inder" versus „Inder statt Kinder": Das wurde in Deutschland vor einigen Jahren zum geflügelten Wortspiel von fragwürdiger Seriosität, als der damalige Kanzler Gerhard Schröder anlässlich der Eröffnung der Computermesse CeBit seine Green-Card-Initiative vorstellte: Mit speziellen Einreise- und Arbeitsgenehmigungen für qualifizierte Ausländer sollten so dringend benötigte Computerspezialisten ins Land geholt werden. Worauf sich prompt die CDU, vornehmlich in Gestalt von Ex-Bildungsminister Jürgen Rüttgers, empörte, dass es nicht angehen könne, Migranten zu bevorzugen, statt etwas für die natürliche Kindervermehrung der Deutschen zu tun, und entsprechend dieser Logik forderte: „Kinder statt Inder."

So unappetitlich diese Art von Polemik ist, so wenig sympathisch ist auch die Grundhaltung hinter der von ihr bekämpften Idee, die neuerdings auch die EU-Kommission mit ihrem Green-Card-Konzept aufgegriffen hat: Denn statt Migration an sich als wesentliches Wachstums- und Erneuerungselement einer Gesellschaft zu akzeptieren, sollen da oft nach Vorstellung der Initiatoren solcher „Qualifizierten-Offensiven" bloß Arbeitskräfte ins Land geholt werden, und keine Menschen. Im Klartext: Anhanglose, hoch qualifizierte, ordentlich Steuern und Abgaben zahlende Zuwanderer, die möglichst wieder in die Heimat verschwinden, bevor sie den Sozialkassen zur Last fallen.

So wird das nicht funktionieren. Wer Nachwuchs will, muss den Nachwuchs pflegen – auch wenn er in Form schon erwachsener Personen ins Land kommt. Und wer vom Zuzug und dem großen Potenzial, das mobile und veränderungswillige Menschen bringen können, profitieren will, darf Einwanderer nicht in Ghettos verwahren, sondern muss sie offensiv integrieren und ihnen echte Möglichkeiten und Perspektiven bieten. Dann stehen auch die Chancen auf ein gedeihliches Miteinander gut.

Wie leiblich müssen Kinder sein?

Dass natürliche Mutterschaft und die gnadenlose Vermehrung der eigenen Gene überhöht und allen anderen For-

men von Familie und Zusammenleben gegenüber hervor-
gehoben wird, ist mir schon länger klar. Doch sogar mich
konnten Lektüre und Gespräche in Vorbereitung zu diesem
Buch überraschen – mit der einen oder anderen Geschichte
aus der Welt der extremen Müttergefühle. Es gibt schon
seltsame Auswüchse des Kinderwunschs, wie etwa der Fall
einer Frau, der man wegen eines schweren Herzfehlers
davon abgeraten hat, schwanger zu werden. Sie wurde es
trotzdem. Lieber nahm sie das Risiko auf sich, als auf ein
eigenes Kind zu verzichten.

Wie das Experiment ausging, wollen wir hier nicht weiter
verfolgen. Und lassen wir auch einmal beiseite, dass es ein
nicht ganz alltäglicher Einzelfall von Mutterkult sein mag.
Was das Beispiel aber schön symbolisiert ist die Tatsache,
dass Mutterschaft und Kinderaufzucht nur dann so richtig
gelten, wenn es ums eigene Fleisch und Blut geht. Und das
spiegelt sich nicht nur in der individuellen Haltung mancher Menschen wider, sondern auch in der gesellschaftspolitischen Handhabung des Themas – zum Beispiel, wenn
es darum geht, anderer Leute Kinder bei sich aufzunehmen.

Adoption und Mutterkult

Wer ein eigenes Kind zur Welt bringt, bekommt dafür vom
Staat Hilfe, Unterstützung und Anerkennung – völlig unabhängig davon, wie gut er oder sie diesen verantwor-
tungsvollen Job tatsächlich macht. Denn die Förderung der
Elternschaft gilt offenbar als eines der wichtigen politischen
Ziele der meisten Parteien. Dann wäre es also nur logisch,
es auch politisch massiv zu fördern, dass Menschen anderer Leute Sprösslinge – aus dem eigenen Land oder von anderswo, wo es noch viel mehr hilfsbedürftige Kinder gibt –
bei sich aufnehmen. Warum ist es dann aber in unseren
Breiten eigentlich so enorm schwierig, Kinder zu adoptieren? Wahrscheinlich, weil hinter der scheinbar rationalen
politischen Forderung nach Bevölkerungsvermehrung doch

ein gutes Stück Mutterkult steckt: Natürlich ist halt doch besser. Oder sollte da etwa auch noch dahinter stecken, dass ein Gut künstlich verknappt wird, um die Preise hoch zu treiben?

Jedenfalls ist es schwer nachvollziehbar, warum eine Adoption ein unendlicher Hürdenlauf ist, mit Einkommens-, Wohnflächen- und Leumundsnachweis, während kein Mensch sich dafür rechtfertigen muss, in katastrophale soziale Verhältnisse hinein Kinder zu gebären – solange sie nur eigenes Fleisch und Blut sind.

Natürlich ist es vernünftig, Kinder zu schützen und darauf zu achten, dass sie ein gedeihliches Umfeld vorfinden, um unter guten Bedingungen aufwachsen zu können. Dies aber bei leiblichen Eltern grundsätzlich unüberprüft vorauszusetzen, während Adoptiveltern erst einmal beweisen müssen, dass nicht das Gegenteil der Fall ist, grenzt gelinde gesprochen an Scheinheiligkeit.

Besonders pingelig ist das österreichische Adoptionsrecht: Die Behörde hat zu ermitteln, ob die sich bewerbende Familie grundsätzlich als Adoptivfamilie in Betracht kommt – eine Voraussetzung dafür ist, dass die präsumptiven Eltern verheiratet sind. Allein das ist schon ein Hohn – angesichts der steigenden Raten unehelich geborener „natürlicher" Kinder. In diesem Punkt zumindest ist die deutsche Gesetzeslage großzügiger – im Einzelfall können hier sogar Alleinstehende adoptieren.

Weitere Schritte im strengen Screeningprozess: Sozialarbeiter führen bei Hausbesuchen eingehende Gespräche mit den Bewerbern, um ihre Beweggründe, ihre Belastbarkeit und ihre Erziehungsansichten kennen zu lernen. Auch die räumlichen Verhältnisse sind zu berücksichtigen, weiters ist ein amtsärztliches Zeugnis und ein Strafregisterauszug vorzulegen. Und ab 40 kann eine Frau überhaupt keine Adoptivmutter mehr sein, dafür sorgt weniger das Gesetz als die gängige Praxis. Auch eine erstaunliche Willkürgrenze, wenn man bedenkt, dass gleichzeitig gnadenlos bis ans Ende der natürlichen Fruchtbarkeit – und in Einzelfällen auch drastisch darüber hinaus – künstlich fertilisiert wird.

Gleiches Kinderrecht für alle

Vollends unverständlich wird es, wenn trotz verbreitetem Kinderkult ganze Gruppen von Paaren, die oft gerne Kindern hätten, wie etwa schwule oder lesbische Paare, in Österreich und Deutschland immer noch von offiziellen Adoptionsmöglichkeiten ausgeschlossen bleiben – im Gegensatz zu den Niederlanden oder Belgien etwa.

Apropos homosexuelle Eltern: Da Homosexualität noch immer ein ausgesprochenes Tabu ist, gibt es keine verlässlichen Zahlen darüber, wie viele Menschen gleichgeschlechtlich lieben. Aber gehen wir einmal von der regelmäßig genannten Größenordnung von etwa zehn Prozent der Bevölkerung aus – dann sind es in Österreich rund 800.000. Gehen wir dann weiter davon aus, bloß 200.000 von ihnen hätten einen unerfüllten Kinderwunsch – das ist ohnehin niedrig geschätzt. Dann ergibt das mindestens zusätzliche 100.000 Familien mit Kindern, auf die trotz Aussterbens-Rhetorik wegen des verzweifelten Festhaltens an konservativen Familienidealen verzichtet wird.

Mit absonderlichen Argumenten, denn die Wissenschaft hat längst bewiesen, dass Schwule und Lesben genauso gute Eltern abgeben wie Heteros.

Finanzierung verändern statt Menschen vermehren

Das Thema Bevölkerungsvermehrung wird deshalb so hartnäckig als die ultimative Strategie zur Sicherung von Sozialleistungen und Pensionen stilisiert, weil sie unmittelbar mit einem anderen scheinbar unumstößlichen Dogma zusammenhängt: nämlich jenem, dass sozialstaatliche Leistungen wie Pensionen oder Ausgaben für Kranke aus an Löhne und Gehälter gebundenen Steuern und Sozialversicherungsbeiträgen finanziert werden.

Ginge man von diesem Prinzip der lohngebundenen Finanzierung ab, würden sich auch jede Menge neue Geldquellen auftun, die Sozialausgaben sichern können, ohne dass man so gebannt auf die Bevölkerungszahlen starren müsste wie das Kaninchen auf die Schlange. Da ist dann schon mehr Kreativität gefragt: Wertschöpfungsabgaben sind eine alte, aber deshalb nicht schlechte Idee, um die Sozialstaatsfinanzierung von den Arbeitseinkommen zu entkoppeln. Denn es wäre nur logisch, gerechter und für den Staat um vieles profitabler, Kapitaleinkommen zu besteuern, die deutlich über dem Wirtschaftswachstum steigen, als Löhne und Gehälter noch stärker zu belasten, deren Anstieg hinter dem Wirtschaftswachstum zurückbleibt.

In Österreich und Deutschland ist auch eine Quelle noch kaum angezapft, die nicht einmal eine so grundlegende Umstellung des Steuersystems erfordern würde. Während die Vermögens- und Gewinnbesteuerung im Durchschnitt der EU-15 zum Gesamtabgabenaufkommen rund fünf Prozent beiträgt – und in den wirtschaftsfreundlichen USA sogar mehr als zehn Prozent –, liegt ihr Beitrag zum Staatshaushalt in unseren Breiten weit darunter, Österreich hat überhaupt die niedrigste der Industrieländer. Würde sie in Österreich auf diesen Schnitt von fünf Prozent angehoben, haben Steuerexperten errechnet, würde das ein Plus für das öffentliche Budget von sieben Milliarden Euro bedeuten. Also ein Vielfaches vom Ertrag, den es bringen würde, Kinderlose verstärkt zur Kasse zu bitten.

Eine andere sehr einträgliche Finanzquelle für die Zwecke der Finanzierung von Sozialausgaben wäre die Besteuerung von Finanztransaktionen: Das Modell der so genannten Tobinsteuer sieht vor, grenzüberschreitenden Währungsaustausch – also Devisentransaktionen – mit einer geringen

Abgabe zu belegen. Die produktive Wirtschaft, also Güterhandel oder Tourismus etwa, würden davon kaum berührt, betroffen sind nur kurzfristige Spekulationen.

Die Kabarettistin und Schauspielerin Andrea Händler im Gespräch

Die 42-jährige Schauspielerin und Kabarettistin, bekannt aus zahlreichen Kabarettprogrammen, TV-Produktionen, Filmen und Theaterstücken, brachte 2004 mit ihrem Programm „Einsendeschluss" das Thema Torschlusspanik und Kinderwunsch auf einen witzigen Punkt: Kinder sind in dieser köstlichen Satire zunächst für Andrea Händler etwas, was andere haben. Denn sie ist überzeugt, dass das angeblich schönste Geschenk, das die Natur einer Frau machen kann, zuerst die Figur und dann die Wohnung ruiniert. Dann beginnt sie sich allerdings langsam die Frage zu stellen, ob denn ihre prächtigen Gene wirklich der Vergessenheit anheim fallen sollen. Jetzt, wo die Wohnung fast abbezahlt ist und ein durchaus williger Sperminator in derselben lebt? Ihre biologische Uhr beginnt zu ticken – „so laut wie ein Presslufthammer". Und sie macht sich ihre Gedanken: „Schließlich ist so ein Gschrapp nicht nur ein Fall für die Fürsorge, sondern auch eine Anlage zur Vorsorge." So ringt sie sich also doch zur Reproduktion durch und schildert unglaublich witzig den Alltag der jungen Familie – und schließlich der allein erziehenden Mutter. Alle kriegen im Programm was ab: hysterische Spätmütter, voll bewusste Vati-Schlaffis und die „halslosen Monster, die das Leben ihrer Umwelt in ein einziges Alete-Inferno verwandeln".

Birgit Kofler: *Ihr Kabarettprogramm „Einsendeschluss"
beschäftigt sich mit der Kinderfrage. Gab es da eine besondere Inspiration?*
Andrea Händler: Eine meiner besten Freundinnen hat mit
41 ihr erstes Kind bekommen. So eine Situation bietet auch
viele lustige Aspekte. Ich habe meine Freundin manchmal
kaum wiedererkannt. Viele Frauen verändern sich massiv
– und das ist dann von außen oft schwer verständlich, die
Stimmungsschwankungen, der Nestbautrieb, das Heulen.

B.K.: *Dürfen wir damit rechnen, dass Sie wie Ihr Alter Ego
auf der Bühne auch noch kurz vor Einsendeschluss Mutter
werden?*
A.H.: Nein, für mich ist das Thema abgehakt. Man muss
da nicht überall mithalten. Für mich ist ein Kind jenseits
der 40 einfach zu anstrengend, und da ist mir auch die Verantwortung zu groß.

B.K.: *War das für Sie schon länger so klar?*
A.H.: Da gab es nie in meinem Leben einen bewussten Ent-
schluss: So, ich will keine Kinder. Ich hatte aber auch nie
einen Kinderwunsch – offenbar auch keinen unbewussten,
denn ich habe mein Leben lang natürlich verhütet, und das
hat gut geklappt. Ich habe mich da einfach auf mein Gefühl
verlassen, und dieses angebliche natürliche Muttergefühl
hat sich bei mir nie eingestellt. Ich bin nie aufgewacht und
habe plötzlich eine Leere verspürt, die es zu füllen galt. Und
jetzt konstatiere ich, ich bleibe eben kinderlos.

B.K.: *War Ihr Beruf ein Argument für die Kinderlosigkeit?*
A.H.: Nicht wirklich. Gerade wir Künstlerinnen haben ja
einige Flexibilität und die Möglichkeit, uns die Zeit frei ein-
zuteilen. Ich hätte auch leichter mal pausieren können. Da
haben es Managerinnen sicher schwerer. Wenn ich je ein
Kind bekommen hätte, wäre ich sicher zwei Jahre zu Hau-

se geblieben. Sonst frage ich mich ja, wozu ein Kind, wenn ich es gleich nach der Geburt wieder abgebe. Das ist wie eine neue Wohnung beziehen, und dann fährt man weg. Da sehe ich das Plaisir nicht ein. Wenn Frauen aber einen natürlichen Muttertrieb haben, dann sollten sie mehr Absicherung bekommen.

B.K.: *Kennen Sie diese typischen Bemerkungen, mit denen sich kinderlose Frauen herumschlagen müssen, im Stil von „Wann ist es denn bei dir so weit"?*

A.H.: Natürlich, das kenne ich gut. Ich hab dann meistens zynisch geantwortet, zum Beispiel: Wozu ein Kind, ich werde mir doch keine Konkurrenz ins Haus holen! Aber manchmal habe ich mich, wenn mich Leute darauf angesprochen haben, schon gefragt, ob ich normal bin, dass ich so gar keinen Kinderwunsch habe und auf Kinder so gar nicht anspringe. Heute weiß ich, hätte ich in einer meiner früheren Beziehungen ein Kind bekommen, wäre ich längst Alleinerzieherin, geschieden, und müsste mich mit einem Ex rumschlagen. Keine so tolle Perspektive. Es gab auch so Phasen, wo man mir zu spüren gab, es könnte was nicht mit mir stimmen. Vor allem Männer haben mir das vermittelt.

B.K.: *Und die biologische Uhr, die auch im „Einsendeschluss" eine wichtige Rolle spielt, hat bei Ihnen nie getickt?*

A.H.: Ich habe sie jedenfalls nie ticken gehört. Und da bin ich auch froh drüber. Ich habe es ja gar nicht so mit dem Mythos vom eigenen Fleisch und Blut. Ich bin auch nie wirklich mit Kindern konfrontiert worden, war lange immer überall die Jüngste. Ich habe nie bei anderen den Babysitter gespielt, obwohl viele behaupten, ich wäre eine gute Mutter. Das kann sein, aber ich wäre sicher auch furchtbar ängstlich. Jedenfalls, als wir unsere neue Wohnung geplant haben, gab es da nirgendwo ein Kinderzimmer, auch kein vorübergehend als Arbeitszimmer getarntes.

B.K.: *Viele Frauen haben heute zwar eigene Kinder, aber viel später als früher. Wie sehen Sie die späten Mütter?*

A.H.: Verständlich, aber irgendwie ist das auch schade, die Kinder haben dann auch kaum eine Chance, Großeltern noch so richtig zu erleben. Wir haben doch alle tolle Erinnerungen an die Oma, die mit den alten Müttern werden das eher nicht haben.

B.K.: *Was sagen Sie zum beliebten Vorwurf gegenüber kinderlosen Frauen, sie seien in erster Linie egoistisch?*

A.H.: Das kenne ich natürlich auch. Aber offen gesagt finde ich es oft egoistischer, wenn Frauen einfach Kinder kriegen, ohne sich viel dabei zu überlegen. Ich wäre da viel zu verantwortungsbewusst, unüberlegt etwas mit so massiven Konsequenzen zu tun.

B.K.: *Wie geht es Ihnen in der Kommunikation mit Müttern? Nervt Sie Mütter-Talk?*

A.H.: Das kann man nicht so verallgemeinern. Aber ich kenne das schon gut, da ist man in einer Runde mit Müttern und sagt etwas Kritisches zum Thema Kinder oder Erziehung, und sofort fallen sie über eine her: Das kannst du nicht beurteilen, da hast du keine Ahnung, du hast ja keine Kinder. Das finde ich schon sehr irritierend, wenn uns das Hirn für ein Thema abgesprochen wird. Über meinen Beruf redet ja auch jeder, wenn er schon mal ein Kabarettprogramm gesehen hat, auch ohne selbst auf der Bühne zu stehen. Nur beim Kinderthema, da sind die Leute heikel. In Phasen, in denen viele meiner Freundinnen Kinder bekamen, wurde der Kontakt mit ihnen eindeutig weniger. Aber ich habe beides in meinem Freundeskreis, Kinderlose und Eltern.

B.K.: *Haben Sie schon einmal auch Neid auf Ihren Lebensstil beobachtet?*

A.H.: Das mag ich überhaupt nicht, wenn mir Mütter erklären, wie gut es mir doch geht, und sie haben kein Geld und können sich nichts leisten. Dann darf man eben kein Kind kriegen. Aber hinterher jammern, das nervt.

B.K.: *Mehr Steuern und Sozialversicherungsbeiträge oder weniger Pensionen für Kinderlose: Wie beurteilen Sie solche politischen Vorschläge?*
A.H.: Frauen wie ich, die keine steuerlich absetzbaren Kinder haben, sind ohnehin in der höchsten Steuerklasse und finanzieren eine Menge mit. Das regt mich auch nicht besonders auf, das ist schon in Ordnung. Man sollte es nur zumindest entsprechend würdigen und uns nicht auch noch vorwerfen, wir wären die Totengräberinnen des Sozialstaates. Ich habe da auch kein Rezept, aber es muss eine strukturelle Lösung sein und keine individuelle. Was ist denn, wenn ich Kinder habe, und die sind Sozialhilfeempfänger? Die finanzieren meine Pension dann sicher auch nicht.

B.K.: *Geht Ihnen was ab ohne Nachwuchs?*
A.H.: Vielleicht schon. Ich werde diese Liebe, die man offenbar zu einem Kind hat und die nicht mit anderen Formen der Liebe vergleichbar ist, nie kennen. Aber ich hätte davor auch Angst, das würde mich extrem belasten. Die Vorstellung zum Beispiel, dass dem Kind etwas passiert, das ist für Mütter doch ein sehr zentrales Thema. Apropos Liebe: Ich liebe auch Tiere über alles, aber ich habe kein Haustier, weil es arm bei mir wäre. Man muss nicht alles haben, was man mag.

B.K.: *Ist Ihre Kinderlosigkeit eigentlich ein Thema zwischen Ihnen und Ihrer Mutter?*
A.H.: Meine Mutter hat einmal gemeint, Weihnachten wäre doch viel schöner mit einem Enkerl. Ich habe sie dann gefragt, ob sie sich auch den Rest des Jahres immer um das

Enkerl kümmern würde – damit war das Thema zwischen uns relativ schnell wieder vom Tisch.

B.K.: *Sie haben einen Stiefsohn. Wie verstehen Sie sich mit ihm?*
A.H.: Wir haben ein extrem gutes Verhältnis. Der war schon recht groß, als wir uns kennen gelernt haben – so um die 16. Ich stehe ihm zur Verfügung, interessiere mich dafür, was er macht, kümmere mich um seine Probleme. Ich merke auch abgesehen von ihm, dass es mir insgesamt mit größeren Kindern und Jugendlichen leichter fällt, einen guten Kontakt zu haben. Bei kleineren Kindern tue ich mir schwerer, mit denen kann ich weniger anfangen.

B.K.: *Gehören Sie auch, wie viele kinderlose Frauen, in die Kategorie der beliebten, coolen Tanten?*
A.H.: Es gibt Freunde, deren Kinder mich wohl so sehen. Da bin ich die Good-Time-Tante, die mit ihnen in den Prater geht oder die verständnisvoll ihre pubertären Probleme mit ihnen bespricht. Vielleicht hat ja mein Stiefsohn einmal Kinder und ich kann nahtlos zur coolen Omi werden, ohne mir vorher die Figur ruiniert zu haben.

B.K.: *In den Medien ist zum Thema Kinderlosigkeit oft von Gebärstreik die Rede, aber auch von Zeugungsstreik. Gehen uns nicht nur die Mütter, sondern auch die zeugungswilligen Väter aus?*
A.H.: Ich denke, die Männer haben in Bezug auf die Nachwuchsfrage einen ganz anderen Stress, die müssen sich auch fragen, ob sie das alles finanzieren können. Ich spreche nicht nur von unterdurchschnittlich Verdienenden, sondern durchaus auch von der Mittelschicht. Wenn dann auch die Ansprüche der präsumptiven Kindsmutter recht hoch geschraubt sind, kann ich mir schon vorstellen, dass der eine oder andere zum Ergebnis kommt, er kann sich das nicht leisten.

Und für Frauen ist die Entscheidung für Kinder schon deshalb nicht so einfach, weil viele berufstätige Frauen dann statt ihres gewohnten Einkommens plötzlich nur mehr die 450 Euro Kindergeld zur Verfügung haben. Das ist ein schönes Extra, aber keine Existenzgrundlage: Sich sehenden Auges in eine solche Abhängigkeit von einem Ernährer zu begeben ist für viele keine attraktive Vorstellung.

B.K.: *Gehören Sie eigentlich auch zu den Wesen, die – um mit den Worten einer österreichischen Ministerin zu sprechen – ständig von Party zu Party hüpfen, statt eine fürsorgliche Mutter zu sein?*
A.H.: Klar, ich sage immer Partys statt Kinder! Aber Spaß beiseite, solche Sager und die Ideologie dahinter sind natürlich Unsinn. Ob Kinder oder keine, das ist eine ganz persönliche Lebensstilentscheidung und kein Fall für politische Vorgaben.

B.K.: *In Ihrem Kabarett-Programm bekommen ja viele was ab – unter anderem die Superfrauen aus der „Klitorispresse", die im Designerkostüm, mit dem Designerköfferchen in der einen und dem Designerbaby in der anderen Hand ganz spielend Karriere und Familie vereinbaren. Was stört Sie denn an denen?*
A.H.: Dieses „Karriere mit links" funktioniert ja nur, wenn es da ein 24-Stunden-Betreuungsnetzwerk im Hintergrund gibt. Also Kinder nicht, weil man sie erleben und mit ihnen leben will, sondern weil sie einfach dazugehören, zum perfekten Frauenbild. Das verstehe ich nicht, Kinder sind da einfach ein schickes Accessoire, damit man eben alles hat. Diese Superfrauen sind im Prinzip eine Verhöhnung der ganz normalen Frauen, für die das alles andere als einfach ist.

B.K.: *Hatten Sie je das Gefühl, dass eine Ihrer bekinderten Freundinnen versucht hat, Sie zu missionieren?*

A.H.: Zum Glück nicht. Es waren eher die modernen Supervatis, die versucht haben, mir mein Frausein zu erklären. Ich verstehe das schon. Wäre ich ein Mann, hätte ich wahrscheinlich eher Kinder gehabt – das ist auch weniger verpflichtend. In jedem Fall gehört zum Kinderkriegen eine gewisse Reife, man übernimmt sehr viel Verantwortung, also sollte man sich schon sehr ausführlich mit sich auseinander setzen, bevor man diese Entscheidung trifft.

B.K.: *Hätten mehr Frauen wie Sie oder ich Kinder, wenn es mehr und bessere Kinderbetreuungseinrichtungen gäbe?*
A.H.: Ich glaube das nicht. Entweder man verspürt diesen Wunsch oder nicht, die anderen Überlegungen kommen, glaube ich, erst später. Das führt überhaupt zum Thema Planung: Wie viele Leute überlegen sich das so genau und planen ihre Kinder wirklich – und wie vielen passiert es einfach? Insgesamt denke ich, dass ein wichtiger Grund für die Zurückhaltung beim Kinderkriegen schon auch die schwierige Situation auf dem Arbeitsmarkt ist. Wo gibt es denn noch die traditionelle Familienidylle, wo ein fürsorglicher Vater die Familie versorgt? Das können sich die Leute doch gar nicht leisten. Und die Frauen werden dann scheel angeschaut, egal wie sie sich entscheiden: Wenn ihnen Kind und Beruf einfach zu viel ist und sie kinderlos bleiben, aber auch, wenn sie bei Kindern zu Hause bleiben. Das moderne Idealbild sind offenbar die im rebhuhnbraunen Businesskostüm, die alles locker hinkriegen.

Konsumgeile Partyhopperinnen & Co: Die Top-Klischees über Kinderlose

Freiwillig kinderlose Frauen sind die Buhfrauen der Nation. Für viele Medien, Politiker und Sozialstaatskalkulatoren sind sie verantwortlich für das drohende Pensionsdesaster und das langsame, unvermeidliche Aussterben der westlichen Gesellschaften. Ganz zu schweigen von vielen anderen wenig liebenswürdigen Attributen und Vorurteilen. Besonders beliebt unter anderem: Mütter haben weniger Zeit und Geld, sind aber langfristig zufrieden mit ihrer Entscheidung. Kinderlose sind reich und unabhängig, fühlen sich aber später einsam und bereuen ihren Beschluss.

„Je nach Alter wird sie als altfeministisch belächelt oder als karrierefixiert verurteilt", beschreibt Meike Dinklage in „Der Zeugungsstreik" verbreitete Klischees über die kinderlose Frau. „Man sagt ihr Kaltherzigkeit nach und dass sie um sich selbst kreist und nicht zurückstecken und sich nicht einschränken mag." Kinderlose Männer bekommen solche Vorwürfe natürlich nicht zu hören.

Konservative, Kirche, Supermütter:
Keiner mag die Kinderlosen

Wir Kinderlosen kriegen es von allen Seiten ab: von den konservativen und neokonservativen Familienromantikern und -ideologen, von den neoliberalen Sozialstaatsreformierern, von den modernen Superfrauen, die alles mit links schaukeln, von den neofeministischen Familienpolitikern, die mehr Kinderbetreuungsplätze mit einer steigenden Zahl von Müttern gleichsetzen. Keiner mag die Kinderlosen.

Früher ließen sich im Kampf gegen die Emanzipation noch sehr schlichte Klischees wie das der alten Jungfer oder des Blaustrumpfs instrumentalisieren. Weil das heute nicht mehr so recht zieht, müssen zusätzlich neue Stereotype her. Wir kennen sie alle. „Lauter Egoistinnen, die nur an sich denken. Sie versäumen das Wichtigste im Leben einer Frau. Frustrierte Schreckschrauben. Die hat keinen Mann abgekriegt", zählt Petra Öllinger auf, was sie als deklarierte Frau ohne Kinderwunsch so alles zu hören bekommt.

Kinderlosen-Bashing gibt es in jeder gesellschaftlichen Schicht und auf jedem Niveau: Kaum ein Medium kommt ohne einschlägige Kommentare aus. Einen besonders üblen Fall von Kinderlosen-Phobie unter vielen will ich Ihnen keinesfalls vorenthalten, nämlich was da etwa dem Journalisten Konrad Adam in einem Kommentar in Die Welt aus der Feder geflossen ist: „Oft genug habe ich mir von Lordsiegelbewahrern des sozialen Fortschritts, von Leuten wie Ulrich Beck, erklären lassen, dass die Familie out sei. Wenn das so ist, sollten er und seine Frau und all die anderen, die lieber in Hunde statt in Kinder investieren, aber doch davon Abstand nehmen, im Alter auf die Früchte dieser von ihnen so tief verachteten Lebensform zurückzugreifen. Da sie das freiwillig nicht tun werden, sollte man sie durch kräftig gekürzte Versorgungsansprüche daran erinnern, dass alles seine Folgen hat. Für sie und einen Hund wird es schon reichen." Egal wie unsinnig die Argumente sind: Mehr Kinder müssen her. Die Fakten bleiben da leider oft auf der Strecke.

Aber immerhin, eine gute Nachricht gibt es. Zumindest müssen wir uns heute als Kinderlose in erster Linie nur mit Verbalinjurien herumschlagen und nicht mit Schlimmerem:

Denn früher legitimierte in vielen Kulturen die Kinderlosigkeit einer Frau ihre Verstoßung durch den Angetrauten. Da geht es heute, zumindest zivilrechtlich gesehen, schon viel kultivierter zu. Aber immerhin ist gewollte Kinderlosigkeit – oder, wie es heißt, die „fehlende Bereitschaft zum Kind" – auch nach heutigem Kirchenrecht noch einer der wenigen Annulierungsgründe für die an sich unzertrennliche Ehe – neben anderen Dingen wie psychischen Krankheiten.

Das passt natürlich gut zur Haltung der heiligen Mutter Kirche, die uns bekanntlich in völliger Negierung des Lebensstils ihrer Schäfchen bis heute erklärt, dass der Akt zum Kind hin offen und Nachwuchs der natürliche Zweck der Ehe ist. Pardon, Herr Papst: Wäre es dann nicht auch endlich höchste Zeit, die vielen ungezeugten Kinder, die der Zölibat zu verantworten hat, in die Fortpflanzungswelt einzubringen? Das hätte viele Vorteile: Zusätzliche Pensionszahler und mit ein bisschen Glück sogar Nachwuchs für die Kirche, der die Gläubigen ohnehin abhanden kommen.

Aber seien wir nicht ungerecht. Immerhin bot in früheren Zeiten, in denen die Selbstbestimmung über den weiblichen Lebensweg noch undenkbar war, die Kirche zumindest über das Leben im Kloster Frauen gewisse Freiheiten. Sie konnten ihre Selbstständigkeit vergleichsweise gut bewahren und hatten den vor Jahrhunderten sonst völlig unvorstellbaren Luxus des Zugangs zu Bildung. Heute müssen wir zum Glück nicht mehr zu derart drastischen Mitteln greifen.

Die Neidischen und Schmallippigen:
Egoistisches Luxusweibchen und kalte Karrierefrau

Ihre Aussage hat inzwischen Kultcharakter. Wobei diese spezielle Form in die Annalen einzugehen wohl nicht im Sinne der Erfinderin war, als Österreichs Wissenschafts-

und Bildungsministerin Elisabeth Gehrer uns verantwortungslose Kinderlose im Interview mit der Tageszeitung *Die Presse* wissen ließ: „Kinder sind die beste Zukunftssicherung, darüber muss man reden. Was macht das Leben lebenswert? Etwa, wenn man von Party zu Party rauscht? Ist es das Single-Leben?"

Besser als mit dieser Ansage, die von respektlosen Menschen auch gern als das „Pudern statt Partys"-Zitat wiedergegeben wird, lässt sich das wohl beliebteste Vorurteil gegen kinderlose Frauen kaum auf den Punkt bringen. Sie sind erbarmungslose Hedonistinnen, die nichts als Feiern im Kopf haben und mindestens einmal im Jahr in die Karibik düsen, wenn sie nicht gerade damit beschäftigt sind, ihre Zweitwohnung am Arlberg zu besuchen. Kinderlose sind Partytigerinnen, Highflyer und haben ein hohes Einkommen. Natürlich gibt es die – und statistisch gesehen sind unter diesen Menschen tatsächlich mehr Kinderlose als in anderen sozialen Schichten. Allerdings ist das auch geschlechtsspezifisch: Die Haushaltseinkommensdaten der Statistik Austria weisen aus, dass die höchsten mittleren Einkommen von alleinstehenden Männern erzielt werden.

Bleiben wir doch bitte bei den Fakten: Nicht alle kinderlosen Frauen sind top in der Karriere, reich und von Kopf bis Fuß in Designermode gehüllt. Eben genau so, wie sich nicht alle Mütter im Second-Hand-Shop einkleiden und mit Kartoffeln und Kohl kreative Mahlzeiten zaubern müssen. Ich kenne sogar welche, die uns zweiwöchentlich per Kolumne heiße Tipps geben, wo die tollsten Schnäppchen von Armani und Gucci zu haben sind.

Fakten hin oder her – der Egoismusvorwurf steht eindeutig ganz vorne auf der Liste der Top-Vorurteile gegen kinderlose Frauen. Ob aus so viel Aggression nicht doch möglicherweise auch der Neid spricht?

Susie Reinhardt, eine der wenigen deutschsprachigen Autorinnen, die sich sympathisierend mit kinderlosen Frauen auseinander setzen, fasste es in einem Artikel in der *Neuen Zürcher Zeitung* treffend zusammen: „Weil sie nur für sich selbst sorgen muss und sich richtigerweise das Recht herausnimmt, sich an den eigenen Bedürfnissen zu orientieren, die nun einmal größere Unabhängigkeit und unbeschwerteren Konsum einschließen, hält man sie für eine Egoistin. Mütter stehen in einem ganz anderen Licht. Weil sie für ein kleines, abhängiges Wesen sorgen, umgibt sie die Aura der Selbstlosigkeit. Dabei kriegt niemand aus Altruismus Kinder. Menschen planen ihr Leben im Hinblick auf eine Zukunft, die sie zufrieden machen soll. Sie gründen eine Familie, weil sie sich davon Vorteile erhoffen. Aus demselben Grund wollen andere auf Kinder verzichten."

Die gelernte Kunsthistorikerin und Kuratorin Romana Schuler nimmt den Egoismusvorwurf ganz gelassen: „Vielleicht ist die Entscheidung, keine Kinder zu haben, auch ein Stück Egoismus. Na und? Zum Glück ist es für Frauen heute endlich viel leichter, eine solche Entscheidung zu treffen."

Viele Kinderlose machen sich über den Egoismus-Vorwurf einfach lustig, aber andere trifft er doch: „Der Vorwurf, Egoistin zu sein, weil ich mich nie für Kinder entschieden habe, hat mir immer ein schlechtes Gewissen gemacht und mich schon auch verwundet", sagt Silvia Grossmann, die als Bildhauerin und Objektkünstlerin in Wien lebt und arbeitet und dort auch die Galerie Atrium ed Arte leitet. „Früher hatte ich oft noch das Gefühl, mich deshalb rechtfertigen zu müssen. Inzwischen laufen die Gespräche anders. Und ich sage dann, dass ich ja auch etwas sehr Sinnvolles tue. Im herkömmlichen Verständnis ist ja Kunst nicht a priori etwas Sinnvolles, Kindererziehung aber offenbar schon."

Andere sehen das Luxusgeschöpfe-Image ganz pragmatisch: „Man muss immer Prioritäten setzen – also auch in der Frage, ob man Geld lieber für sich selbst oder für Kinder ausgibt", sagt die Kulturmanagerin Kristel Josel. „Ganz abgesehen davon, dass auch durchaus Familien mit Kindern nach Lech fahren oder sich anderen Luxus gönnen. Außerdem gibt es viele andere Gründe, sich einmal einzuschränken, nicht nur den Nachwuchs. Wir in den freien Berufen müssen immer wieder einmal unsere Konsumabstriche machen, wenn das Geschäft weniger toll läuft. Also bitte kein Neid!"

Spricht da etwa der Neid?

Ein vernünftiger Appell angesichts der doch etwas märchenhaften Vorstellungen, die manche offenbar vom Alltag Kinderloser haben. „Am angenehmsten jedenfalls pflegt sich die gehobene Partnerschaft, wenn sie kinderlos ist", findet Susanne Mayer, eigentlich Redakteurin im Literaturressort, aber hier mal auf Abwegen in der Gesellschaftspolitik in *Die Zeit:* „Abends vom Stress erholen, schönes Essen, bisschen Kultur, Zweisamkeit als Wellness-Zone."

Da ist der Autorin dieser Zeilen nur herzlich zu wünschen, dass es bei ihr so sein möge – aber vielleicht ist sie ja auch Mutter und stellt sich das alles nur so vor. Zwecks Reintegration in die Realität darf ich die Kollegin vielleicht einmal zu uns nach Hause einladen: Wenn es gut geht, ein Gläschen Wein gegen Mitternacht, kaum ein freier Abend, wenige freie Wochenenden. Und in den Ferien hängt immer einer von uns am Telefon oder E-Mail, um wichtige Dinge mit dem Büro zu klären. Nicht, dass mich das stören würde: Ich habe es so gewählt und mit meinem Partner gemeinsam beschlossen, eine Firma in die Welt zu setzen, aber kein Kind. So wie andere eben beschlossen haben, mit Nachwuchs zu leben. Im Unterschied zu Kampfschreiberinnen der eben zitierten Art beschwere ich mich aber nicht darüber.

Frau Mayer betätigt sich im zitierten Artikel übrigens nicht zum ersten Mal agitatorisch, sie hat sich auch schon als Buchautorin versucht. In „Deutschland, armes Kinderland" heißt es: „Ob bei der Steuer, im Beruf oder bei der Rente: Unsere Gesellschaft belohnt und fördert Kinderlosigkeit." Und weil das gar so schrecklich ist, verkauft sie alten Wein in neuen Schläuchen als Lösungsansätze: Volle Bürgerrechte für Kinder und Elternteilzeit bei 90 Prozent Lohn. Was würde man unsereiner bei ähnlichem Gejammer vorwerfen!

Egoismus und Verantwortungsbewusstsein

Der Vorwurf, aus reinem Egoismus keinen Nachwuchs zu haben, ärgert viele Frauen schon deshalb, weil sie ihre Entscheidung für die Kinderlosigkeit im Gegenteil oft gerade aus besonderem Verantwortungsbewusstsein getroffen haben. „Ich habe eine tolle Karriere gemacht, hatte sehr früh die Chance, in dieses Geschäft einzusteigen und bin seit meinem 23. Lebensjahr berufstätig", erzählt Top-Managerin Roswitha Hasslinger aus ihrem Leben. „Natürlich habe ich hin und wieder über Kinder nachgedacht, aber es passte eben zu keinem Zeitpunkt. Und das nicht aus Egoismus: Ich bin ein sehr verantwortungsbewusster Mensch. Aber genau das war mit ein Problem – will ich wirklich diese Verantwortung für die nächsten 20 Jahre übernehmen?"

Ähnlich sieht das die Medizinerin Monika Fuchs: „Ich denke, meine Kinderlosigkeit hat viel mit meinem großen Verantwortungsgefühl zu tun. Man übernimmt eine enorme Verantwortung, für eine lange Zeit, und kann dann nicht einfach sagen, ich hab mich geirrt, das ist doch nichts für mich."

Ist Kinderkriegen selbstlos?

Wer im Glashaus sitzt, sollte nicht mit Steinen werfen. Recht rasch zurechtgerückt ist das Egoismus-Klischee gegenüber Kinderlosen nämlich auch dann, wenn man sich ein wenig in die Gründe vertieft, aus denen Mütter Kinder haben wollen. Die sind oft alles andere als selbstlos. So stehen einer deutschen Untersuchung aus dem Jahr 1996 Motive wie „Ich habe ein Kind, das zu mir gehört, das ganz mein eigenes ist", „Kinder bringen die Partner einander näher" – mit Zustimmung von jeweils zwei Dritteln der Befragten – oder „Kinder sind gut, um jemanden zu haben, auf den man sich in Notfällen verlassen kann" mit ganz oben auf der Liste. So wirklich selbstlos sind auch die Motive fürs Kinderkriegen nicht, die eine Kinderwunsch-Analyse des Schweizer Bundesamtes für Statistik im Jahr 1999 zu Tage förderte: Fast alle Befragten stimmen dem Motiv „Erfüllung im Alltag" zu, eine große Mehrheit der Aussage „Nachwuchs festigt die Beziehung und vermindert Einsamkeit im Alter". Könnte also nicht auch der Wunsch, eine kleine Version von sich selbst in die Welt zu setzen, ein wenig egoistisch motiviert sein?

Von wegen Egoismus

Rasch verflüchtigt sich das Egoismus-Klischee auch zum reinen Fantasie-Gebilde, wenn wir einen Blick in die Arbeitswelt werfen – und auf die Rolle, die hier Kinderlosen gegenüber Müttern oft zugeschanzt wird.

Das US-amerikanische Fachmagazin „Personnel Journal" kam in einer Befragung von Arbeitgebern zu folgendem Ergebnis: 80 Prozent der Firmen- oder Personalchefs meinten, Singles ohne Kinder müssten oft die Last von Arbeitsspitzen abfangen, nicht aber Eltern.

Ich bin zum Beispiel durchaus für flexible Arbeitszeitregelungen zu haben – unter anderem deshalb habe ich mich selbstständig gemacht. Flexible Arbeitszeiten haben viele Vorteile – aus Arbeitgeber- und aus Arbeitnehmerperspektive. Aber warum sollten sie in erster Linie für Mütter da sein?

Es ist in vielen Unternehmen so, dass bei Einsätzen am Abend und am Wochenende, beim Anwesenheitsdienst zu Weihnachten oder zu anderen Feiertagen vor allem auf die kinderlosen Kolleginnen zurückgegriffen wird. Schließlich haben die ja ohnehin kein wirkliches Privatleben, wird unterstellt. Wer um Punkt drei gehen muss, auch wenn Kunden warten, um den Nachwuchs aus dem Kindergarten zu holen, kann nicht nur mit Verständnis rechnen, sondern ist eine tapfere, tüchtige Frau. Wer um Punkt drei gehen will, um nicht schon wieder eine Trainingsstunde bei der Bauchtanzlehrerin zu versäumen, ist eine nicht kooperationswillige Egoistin, der die Identifikation mit dem Job fehlt.

Wer seine beste Freundin zur Biopsie begleiten will, weil ein Brustkrebsverdacht vorliegt, muss sich dafür natürlich einen Urlaubstag nehmen. Wer den Nachwuchs zur Impfung bringt, beruft sich auf den Anspruch auf Pflegeurlaub.

Ich hatte einmal eine Mitarbeiterin, die allen Ernstes einforderte, fest angestellt zu werden, aber zu allen Schulferien – das sind in Österreich gut und gerne 14 Wochen – arbeitsfrei zu bekommen. Ich habe sie nicht angestellt. Und bin, bei allem Verständnis für berufstätige Mütter, der Meinung, dass die Entscheidung für Familie keinen Einfluss auf das berufliche Engagement haben darf, wenn frau schon unbedingt beides will. Ich habe übrigens viele tolle Beispiele dafür erlebt, dass das auch geht.

Leider allerdings ebenso das Gegenteil: Jedenfalls fand ich es überhaupt nicht entzückend und beispielgebend für unsere unendliche Toleranz als Arbeitgeber, als ein Kunde einer wieder einmal aus Kindergründen zu Hause gebliebenen Mitarbeiterin am Telefon versuchte ein dringliches Anliegen zu vermitteln, dies vor der lärmenden Kulisse von Kindergeschrei tun musste. Den Kunden waren wir übrigens los – und das kann sich ein kleines Unternehmen in einem kompetitiven Markt nicht allzu oft erlauben.

Aber nicht nur aus Arbeitgeber-Perspektive bringe ich wenig Verständnis für die Sonderbehandlung von Müttern auf. Ich verstehe auch durchaus den Unmut von kinderlosen Kolleginnen, deren Privatleben offenbar weniger zählen soll als das Leben mit Kindern und die im Büro Feuerwehr spielen müssen, wenn das Telefon der wegen der Kinder tageweise zu Hause arbeitenden Zimmerkollegin Sturm läutet.

Die Wohlwollenden:
„Na wird schon noch werden …"

„Ich stelle mich gerne Herausforderungen, aber die mit dem Nachwuchs, die lasse ich gerne aus. Für mich ist heute klar, dass meine Kinderlosigkeit eine endgültige Entscheidung ist. All die Dinge, die ich jetzt tue, nehmen so viel von mir in Anspruch, und mein Leben ist wunderbar", sagt die 36-jährige Ernährungstrainerin und Autorin Petra Öllinger. Wer in so jungen Jahren, also zu einem Zeitpunkt, zu dem es mit der Fruchtbarkeit noch klappt, derart Definitives zum Thema Kinder von sich gibt, muss immer mit einer Replik aus der Schublade der besonderen Unnötigkeiten rechnen: „Mag schon sein, dass du das jetzt so siehst. Aber du wirst sehen, auch bei dir kommt er schon noch, der Kinderwunsch." Begleitet vom wissenden Lächeln der Kategorie „Na wird schon noch werden".

Das lieben wir ja ganz besonders: Egal, wie tüchtig wir im Beruf sind, wie viele Entscheidungen wir täglich treffen, und die meisten davon auch noch richtig, egal wie kompetent wir unser Leben schaukeln: Wenn es zur unsichtbaren Verbindung zwischen Gebärmutter und Hirn kommt, nützt uns das alles nichts. Da zählt nicht, was wir wollen, wird uns unterstellt, sondern was Mutter Natur mit uns macht – bei den einen früher, bei den anderen später.

Eng verwandt mit dem Phänomen der „natürlichen Bestimmung der Frau" ist übrigens auch die viel zitierte biologische Uhr. Sie ist ein interessantes Wunderding. Denn obwohl sie angeblich in weiblichen Körpern lokalisiert ist, hören Außenstehende sie oft viel lauter ticken als die angebliche Besitzerin selbst.

„Es gab immer wieder diese Freundinnen, die so missionarisch unterwegs waren: Na, du wirst schon auch noch wollen", erinnert sich die Kulturmanagerin Kristel Josel. „Ich finde das genauso überflüssig wie sich für einen Lebensstil rechtfertigen zu müssen. Jede soll leben, wie sie es will."

Auf diesem Niveau dagegen zu argumentieren kann ich übrigens nicht raten. Wer diese Art von wissendem Blick gepachtet hat, ist mit vernünftigen Erklärungen ohnehin nicht zu erreichen. Die gute Nachricht zu dieser Sorte von Klischee: Mit der Zeit wird es besser. Wenn man als Frau die Fertilitätsgrenze überschritten hat, hören wenigstens die Kommentare auf, dass man schon noch sehen würde, wie sich alles einrenkt. Also, liebe Co-Kinderlose vor der Menopause: Durchtauchen oder einfach behaupten, ihr seid schon 48.

Je ne regrette rien

Wer davon ausgeht, dass kinderlose Frauen sich spätestens kurz vor Torschluss schon noch ihrer natürlichen Bestimmung besinnen werden, weiß folgerichtig auch, was für Folgen es hat, wenn sie es nicht tun: Sie werden es später schrecklich bedauern. Sie machen einen großen Fehler, weil sie noch gar nicht abschätzen können, wie sehr sie diese unwiderrufliche Entscheidung einmal bereuen.

Bei mir mit meinen bereits überschrittenen 40 hat sich bisher die Reue ebenso wenig eingestellt wie bei meiner Gesprächspartnerin Roswitha Hasslinger: „Jetzt bin ich 50 – und es hat mir noch keine Sekunde leid getan. Im Gegenteil – verheiratete Freundinnen mit eigener Familie beneiden mich oft."

Umgekehrt wird eher weniger beneidet: „Ich erlebe überhaupt keinen Mangel. Ich denke mir im Gegenteil manchmal, wenn ich Familien so beobachte, das brauche ich wirklich nicht", sagt Kristel Josel.

Jede Entscheidung hat ihren Preis. Und da geht es Müttern nicht besser als Kinderlosen. Nur dass man Letzteres einfacher kompensieren kann. Schon möglich: Vielleicht habe ich wirklich auf eine fundamentale Erfahrung in meinem Frauenleben verzichtet.

Aber es gibt so viele Dinge im Leben, die wir nicht gemacht haben, obwohl wir sie vielleicht gerne gemacht hätten. „Natürlich läuft die biologische Uhr bei mir jetzt langsam ab. Ich bin 45, und damit sind die Möglichkeiten, noch ein Kind zu haben, mehr als begrenzt", sagt die Medizinerin Monika Fuchs. „Ich werde aber damit leben, dass ich mich so entschieden habe. Aber das betrifft auch viele andere Entscheidungen – ich bin auch nicht zum Ballett gegangen und nicht Schauspielerin geworden. Warum sollte das Bedauern über das eine größer sein als über das andere? Ich habe mir mein Leben so eingerichtet, dass ich mir eigentlich nicht vorstellen kann, es noch einmal später zu bedauern. Man kann sich immer um andere Menschen kümmern – das müssen nicht unbedingt die eigenen Kinder sein."

Die Verkitscher:
Mutterheldin und natürliche Bestimmung

Auch der traditionelle Familien- und Mutterkitsch hat in der nach oben offenen Klischeeskala noch immer einen festen Platz. So lässt etwa der deutsche Journalist und Autor Michael Schophaus in seinem Buch „Mütter sind die besseren Frauen. Eine Liebeserklärung" kein Vorurteil aus: „Sie gilt als warmherzige Pädagogin, als unbestechliche Psychologin, aufmerksame Krankenschwester und umsichtige Anwältin unserer Interessen. Ihr Leben lang. Keine vereint so viele Berufe und Berufungen in sich." Und das alles tatsächlich ironiefrei. Möge sich Frau Schophaus das Vergnügen gönnen, täglich zu Hause mit derartigen Lobeshymnen überhäuft zu werden – wenn es denn so ist.

Wir kinderlosen Frauen bleiben gerne von der Verklärung

der natürlichen Bestimmung und Familienidylle verschont. „Wenn es um die angeblich natürliche Bestimmung geht, beruft man sich gerne auf die lange Tradition der Kernfamilie. Das stimmt so ja überhaupt nicht", ärgert sich Petra Öllinger. Als Frau, die sich bewusst gegen Nachwuchs entschieden und aus diesem Lebensentwurf auch nie einen Hehl gemacht hat, hatte sie schon ausreichend Gelegenheit, sich mit Argumenten dieser Art auseinander zu setzen. „Die bürgerliche Familie ist bestenfalls 200 Jahre alt, vorher waren Kinder vor allem zusätzliche Arbeitskräfte. Man muss diese ganze Familienidylle endlich einmal radikal entromantisieren."

Unterstützung für diesen Appell gibt es auch von Männern. „Halali auf Nachwuchsverweigerer" nannte Michael Klein einen Artikel in *Die Welt* die Hetze gegen Kinderlose und verwies darauf, dass die oft beschworene Familienidylle wenig historisches Fundament hat: „Die Großfamilie hat es in dieser Form nie gegeben. Schuld waren unter anderem die Mütter, die im Kindbett das Zeitliche segneten. Die beste Versicherung für ein langes Leben war in der guten alten Zeit die Kinderlosigkeit. Heute bedeutet Nachwuchs für die Frauen zumindest keine unmittelbare Lebensgefahr."

Noch ein Tipp zu diesem Thema: Wenn Ihnen als Kinderlose in diesem Zusammenhang wieder einmal jemand mit der Überzeugung daherkommt, es liege doch eindeutig in der Natur der Frau, Mutter zu sein, dann halten Sie es doch einfach mit der Publizistin Katharina Rutschky, die einmal in einem Interview mit dem *Deutschen Allgemeinen Sonntagsblatt* meinte: „In der Natur des Menschen liegt es auch, Fleisch zu essen, und trotzdem gibt es viele Vegetarier."

Haben wir alle das Gluckengen?

Beim Thema „natürliche Bestimmung der Frau" drängt sich geradezu ein kleiner Exkurs zu den rasanten Fortschritten der Genom-Forschung auf. Und zur Frage, warum trotz aller Erfolge der Gen-Entschlüsselung das Gen, das für die Mütterlichkeit verantwortlich ist, noch nicht entdeckt wurde.

Einmal habe ich mir wirklich böse Blicke einer bekinderten Freundin zugezogen – obwohl ich sonst eigentlich mit den Müttern in meinem Bekanntenkreis meistens hervorragend auskomme. Wir saßen beim Abendessen – ein kinderloses Paar, unsere Patchwork-Familie und jene Freundin samt Mann und Sohn. In größter Eintracht hatten wir selbst Pizza-Teig geknetet und ihn unter Getöse belegt. Und weil so ein durchschnittlicher Herd in einem Privathaushalt nicht allzu viel Platz bietet, wurden die Pizze naturgemäß in mehreren Etappen gebacken. Die erste Pizza ist fertig – und nichts wäre mir logischer vorgekommen, als sie in neun Stücke zu schneiden, damit alle bis zur nächsten Ladung beschäftigt sind. Schwer getäuscht: Denn strahlend verkündete meine Mutter-Freundin beim Servieren: „So, die ist mal für die Kinder." Die, wohlgemerkt, waren zu diesem Zeitpunkt junge Männer zwischen 16 und 19. Verständnislos rutschte mir heraus: „Oh, mir fehlt ganz offenbar das Gluckengen." Eisiges Schweigen.

Banale Geschichte? Schon, man könnte schließlich einfach Pasta kochen, und das Problem stellt sich nicht. Aber natürlich steckt hinter dem Aufeinanderprallen von Vorstellungen mehr: Angeblich haben wir Frauen alle diese angeborene Mütterlichkeit. In den Augen vieler ist es schon schlimm genug, sie nicht zu haben. Aber dann auch noch darüber zu lästern – das geht offenbar wirklich zu weit.

Daher nochmals zur Klarstellung: Kinderwunsch ist kein

angeborener weiblicher Instinkt. Genauso, wie es kein männlicher Naturinstinkt ist, Häuser zu bauen, Bäume zu pflanzen und Söhne zu zeugen. Aber manche Mythen scheinen besonders schwer ausrottbar zu sein.

Daher holen wir hier die Empirie zu Hilfe: Ich selbst habe es offenbar nicht. Viele meiner Freundinnen haben es nicht. Und eigentlich alle Frauen, die ich interviewt habe, bestätigen, es nicht zu haben: das Muttergen.

Meinungsforscherin Roswitha Hasslinger ist sich jedenfalls sicher: „Ich hatte dieses Bedürfnis nie. Ich finde Kinder ja durchaus herzig – wenn andere sie haben. Jeder Mensch hat wahrscheinlich ein gewisses Maß an Fürsorglichkeit in sich, aber das kann man auf sehr unterschiedliche Weise ausleben."

Auch Kristel Josel konnte an sich nie einen auf eigenen Nachwuchs ausgerichteten Trieb feststellen: „Ich habe jahrelang Künstler bemuttert. Wenn ich also so was wie einen Muttertrieb haben sollte, dann habe ich ihn jedenfalls anders ausgelebt, als das angeblich vorgesehen ist."

Gründlich aufgeräumt mit der Vorstellung von der natürlichen Bestimmung der Frau hat auch die US-Anthropologin Sarah Blaffer Hardy in ihrem Buch „Mutter Natur. Die weibliche Seite der Evolution" 1999, das vor allem jenseits des Atlantik enorme Diskussionen losgetreten hat: Muttergefühle würden wohl entstehen, schreibt sie, wenn ein Kind erst einmal geboren sei – und zwar hormonell und durch bestimmte Signale des Neugeborenen stimuliert. Aber vorher gäbe es sie nicht nur nicht, sie seien vom evolutionären Gesichtspunkt aus überhaupt unnötig und die berühmte biologische Uhr nur ein gesellschaftliches Konstrukt: Nicht die Hormone, sagt die Forscherin, sondern bloß die gesellschaftlichen Normen setzen Frauen unter Gebärdruck.

Die Diffamierer:
Mit der stimmt doch was nicht

Besonders widerwärtig wird das Vorurteil, Kinderlosigkeit sei ein Akt wider die weibliche Natur, in seiner Fortsetzung: Was nicht natürlich ist, kann konsequenterweise also nur abnormal sein, mit Frauen ohne Nachwuchs stimmt also irgendetwas nicht. In der etwas harmloseren Version kommt dieses Klischee, das sich jedenfalls schon ob seiner Häufigkeit einen Platz im Top-Ranking verdient hat, noch fast mitleidsvoll daher: „Die Ärmste hat keinen Mann abgekriegt." Doch dahinter stehen allerlei krude Gedanken, was mit einer Frau alles nicht in Ordnung sein muss, wenn sie nicht mit einem Mann zusammenlebt und mangels geeignetem Samenspender in ihrem Leben auch nicht Mutter werden kann.

Wie schnell diese Gedankengänge dann auch schon einmal unter die Gürtellinie abrutschen, zeigte nicht zuletzt die politische und mediale Debatte über die deutsche Bildungsministerin Annette Schavan, die sich anlässlich ihrer früheren Ambitionen, Nachfolgerin des baden-württembergischen Ministerpräsidenten Erwin Teufel zu werden, ständig mit Spekulationen über ihr „Junggesellinnentum" und darüber, dass sie ledig und kinderlos ist, herumschlagen musste. Und „ledig und kinderlos" heißt in solchen Fällen mehr als bloß zwischen den Zeilen, dass sie wohl lesbisch sein müsse.

Eine Erfahrung, die auch die unverheiratete und kinderlose Karin machen musste, als sie auf regionaler Ebene zu engagiert politische Ambitionen zeigte. „Als ich für ein politisches Amt in unserem Bundesland kandidiert habe, hat der Kandidat von der gegnerischen Partei das Gerücht in die Welt gesetzt, dass ich lesbisch sei. Im ersten Moment wusste ich nicht, wie ich reagieren sollte. Er hat also meine Kinderlosigkeit den Leuten auf diesem Weg ‚erklärt'. Ich hab ihn damit konfrontiert und zur Rede gestellt. Die Sache hat sich beruhigt, aber was in den Köpfen der Leute hängen geblieben ist, ist schwer zu sagen", erinnert sich die Mittdreißigerin. Die Sache hat sie mitgenommen und empört. „Mich stört es unheimlich, dass kinderlose Frauen als Menschen betrachtet werden, mit denen irgendetwas nicht stimmt, weil sie einer ganz bestimmten Norm nicht entsprechen. Von diesem Vorurteil müsste die Gesellschaft endlich einmal wegkommen. Das wäre für mich am wichtigsten."

Lauter Lesben: Solange Homosexualität immer noch tabuisiert und ausgegrenzt wird, wird die Zuordnung von kinderlosen Frauen zu dieser diskriminierten Gruppe von Menschen auch eine beliebte Methode sein, sie zu mobben, zu diskreditieren und sich im Ernstfall eine Konkurrentin vom Hals zu schaffen. Dabei: Abgesehen von der abstoßenden Logik hinter derartigen Argumenten sind sie noch dazu grundfalsch. Denn lesbische Frauen haben, alltagsempirisch gesehen ebenso wie durch Studien untermauert, gar nicht so selten einen Kinderwunsch. Sie dürfen ihn sich in unseren Breiten, im Gegensatz zu Ländern, wo Adoption und künstliche Fertilisation für lesbische Paare längst selbstverständlich sind, nur nicht legal ausleben.

Unfruchtbare Lesbe?
Üble Gerüchte gehören nicht nur in Europa zum politischen Repertoire, um kinderlose Politikerinnen zu verunglimpfen. Die Heirat sei für sie ein „notwendiges Übel" gewesen, um den schlimmen Nachreden über ihr Privatleben ein Ende zu setzen, verrät die neuseeländische Regierungschefin Helen Clark in der Biografie „Helen: Porträt einer Premierministerin". „Als allein stehende Frau wurde permanent auf mich eingedroschen. Mir wurde vorgeworfen, ich sei Lesbe, ich lebte in einer Kommune, hätte Trotzkisten und Schwule als Freunde, ich sei instabil

und unfähig, mich auf etwas richtig einzulassen." Sogar ein hochrangiger Politiker ihrer eigenen Partei habe sie als „unfruchtbare Lesbe" bezeichnet. Über ihren damaligen Freund und jetzigen Ehemann Peter Davis habe er verbreitet, dieser sei schwul. „Wenn ich nicht in die Politik gegangen wäre, hätte ich auch nicht geheiratet. Und ich bin mir sicher, dass unsere Beziehung genauso wäre, wie sie heute ist."

Die Labour-Politikerin ist Umfragen zufolge einer der beliebtesten Regierungschefs, die das Land je hatte.

Die Superfrauen:
Alles nur eine Frage der Organisation

Die Szene bleibt mir unvergessen. In einer Fernsehdokumentation, die den modernen, starken Müttern gewidmet war, denen es scheinbar mühelos gelingt, Spitzenkarriere und Kinderwunsch unter einen Hut zu bringen, präsentierte man uns eine ganz besonders vorbildliche Vertreterin dieser Spezies: Dr. Ilse Bartenstein, ihres Zeichens nicht nur Gattin des österreichischen Wirtschaftsministers, sondern auch fünffache Mutter und Chefin der familieneigenen Pharmafirma Lannacher. Zu sehen war im Bild die Frau Doktor vor dem ebenso familieneigenen Schloss, wie sie sich, mit Aktenköfferchen in der Hand, von der hübsch herausgeputzten, geschnäuzten und gekämmten Kinderschar verabschiedet, während im Hintergrund schon der Chauffeur darauf wartet, sie zum nächsten wichtigen Termin zu bringen.

Also wirklich, ihr jammernden Geschöpfe, die ihr immer findet, es wäre heute immer noch so schwierig, Familie und Beruf unter einen Hut zu bringen: Nehmt euch ein Beispiel! Schließlich ist alles nur eine Frage der Organisation. Ein kleines Heer von dienstbaren Geistern organisieren, nachdem man vorher mal eben rasch das nötige Kleingeld dafür organisiert hat, und es ist überhaupt kein Problem mehr, eine Firma zu organisieren, die liebevolle Betreuung der fünf reizenden Rangen zu organisieren und dann auch noch ausreichend Zeit zu haben, um Auftritte in der Seitenblicke-Gesellschaft zu organisieren.

Die tüchtige Pharmamanagerin ist kein Einzelfall, möchte man schon fast glauben. Zumindest wenn man bunte Gazetten zum Maßstab nimmt, die uns laufend Models, Filmstars, Sängerinnen, Fernsehmoderatorinnen und die immer wieder gleichen Top-Managerinnen – so viele gibt es offenbar doch nicht – vorführen, die hingebungsvolle Mutterschaft und die Fortsetzung ihrer Spitzenkarrieren gekonnt mit links schaukeln. In völliger Verkennung der Tatsache, dass wir es hier mit privilegierten Einzelerscheinungen zu tun haben, bleibt dann als Moral der Geschichte und Auftrag an alle anderen Frauen: Man muss es nur richtig anpacken, dann kann man alles haben – Familie, Erfolg und Geld – und dabei auch noch entspannt und schön sein.

Dass die Realität anders aussieht und die Durchschnittsfrau beim Versuch, Mutterschaft und Beruf stressfrei zu kombinieren, ins Trudeln gerät, wissen nicht nur jene 75 Prozent der Mütter von Kleinkindern unter drei Jahren, die in Deutschland zu Hause bleiben und sich zumindest für längere Zeit von der Arbeitswelt verabschieden.

Auch meinen kinderlosen Gesprächspartnerinnen ist klar, dass hier bloß unerreichbare Vorbilder stilisiert werden, die mit dem wirklichen Leben nur bedingt zu tun haben. „Da muss man schon näher hinschauen", sagt Kristel Josel über die vermeintlichen Superfrauen, die alles schaffen. „In diesen wenigen Fällen stimmt eben auch das Umfeld, da gibt es viel Geld für Personal. Wenn es eine Frau schafft, beruflich erfolgreich zu sein und Kinder großzuziehen, finde ich es toll. Aber man weiß ja nicht so genau, was sich hinter den Kulissen abspielt. Wenn ich mich aber so umschaue, finde ich es schon anerkennenswert genug, wenn Frauen in Top-Positionen überhaupt noch ein Privatleben hinkriegen – auch ohne Kinder."

Eine(s) bleibt auf der Strecke

Frauen, die die Berufswelt aus der Perspektive von interessanten und ausfüllenden beruflichen Positionen kennen, wissen, wie wenig Zeit dabei für andere Dinge bleibt. Und sie beobachten, dass Kolleginnen, die es den als vorbildlich dargestellten angeblichen Organisationsgenies nachmachen wollen, unter Umständen einen hohen Preis dafür zahlen. „Wenn man solche Frauen wirklich kennt, und nicht nur die Präsentation nach außen, merkt man sehr bald, dass es eben nicht so einfach ist, Kind und Karriere zu verbinden", weiß Roswitha Hasslinger, die als Mitglied der Geschäftsleitung ein internationales Meinungsforschungs-Institut managt. „Meist bleibt etwas oder jemand auf der Strecke. Sehr oft die Frau selbst."

Davon scheinen viele Menschen überzeugt zu sein. Denn immerhin 40 Prozent der Befragten eines bevölkerungs-repräsentativen Samples gaben in einer Umfrage des österreichischen Market-Instituts an, dass „der Karrierewunsch von Frauen ausschlaggebend für den Verzicht auf Nachwuchs ist."

Dieser verbreitete Eindruck deckt sich durchaus mit den Erfahrungen kinderloser Frauen, wobei diese den Verzicht aber keineswegs als belastend empfinden. „Ich habe mein Studium relativ spät abgeschlossen, und als ich dann so mit 30 endlich den Beruf ausüben konnte, war mir das sehr wichtig", erzählt die auf Mesotherapie spezialisierte Allgemeinmedizinerin Monika Fuchs, die mittlerweile in Wien ihre eigene Praxis hat. „Da hätten Kinder auf keinen Fall ins Konzept gepasst. Dass ich nie aktiv einen Kinderwunsch verspürt habe, hat dann das Berufsleben als Krankenhausärztin, mit den vielen Nachtdiensten, auch sicher unterstützt. Die Frauen, die Kind und Karriere schaffen, sind sicher Meisterinnen des Zeitmanagements und des Delegierens. Aber das war nie ein Problem für mich, es hat einfach nie ‚ping‘ gemacht – ich habe nie dieses Bedürfnis verspürt, ein Kind zu haben.“

Dass die immer besser ausgebildeten Frauengenerationen – in Österreich stellen Frauen unter den Hochschulabsolventen heute schon mehr als die Hälfte – andere Prioritäten setzen als Familie und Nachwuchspflege und gerne darauf verzichten, in die Doppelbelastungsfalle zu tappen, weiß auch die Gesundheitsmanagerin Andrea Kdolsky. „Ich hatte von Beginn des Studiums an den Karrieregedanken stark in mir. Von da an bis etwa 25 hätte ich mir überhaupt nicht vorstellen können Kinder zu haben. Zu dieser Zeit war es in unseren Kreisen für Frauen zum Glück auch schon kein gesellschaftliches Muss mehr“, sagt die 42-jährige gelernte Medizinerin, die eine große Krankenhausholding leitet. „Wir waren wohl der erste Schwung von jungen Frauen, für die Studium, Beruf, Karriere endlich ein völlig normaler Bestandteil des Lebens waren. Ganz anders noch in unserer Mütter-Generation, da haben Frauen sehr oft nicht gearbeitet. Ich wurde als Volksschulkind noch sehr bemitleidet als Tochter einer berufstätigen Frau.“ Dass man alles nur um einen hohen Preis oder mit einer optimalen Infrastruktur haben kann, die eher die Ausnahme bildet, war Andrea schon früh klar: „In dieser Phase war Familie für mich überhaupt kein Ziel. Im Gegenteil, ich wollte Karriere machen, das war extrem wichtig für mich. Mir war klar, dass Familie und Beruf nur mit sehr großen Abstrichen auf beiden Seiten vereinbar wären. Und ich glaube, bei den Frauen, die Familie und Beruf scheinbar gut vereinbaren, steckt entweder sehr viel Geld und Infrastruktur dahinter, oder sie machen eben in beiden Bereichen große Kompromisse.“

Das nehmen, zumindest was die berufliche Seite betrifft, auch Arbeitgeber und Kollegen so wahr: Mütter werden als weniger engagiert im Job eingeschätzt als kinderlose Frauen, zeigte eine Studie der Cornell University. Und zwar von Männern genauso wie von Frauen.

Die Psychologisierer:
Der angebliche Stress der Kinderlosigkeit

Für uns kinderlose Frauen ist es nichts Unbekanntes, dass Außenstehende meinen, besser zu wissen als wir selbst, was uns alles fehlt in unserem nachwuchsfreien Leben. Eine interessante neue Version der psychologisierenden Annäherung an das exotische Wesen Nicht-Mutter steuert die Sorge bei, dass wir nicht nur einen Mangel haben, sondern dazu auch noch eine traumatisierende Belastung. So räsonierte der Münchner Psychoanalytiker Wolfgang Schmidbauer im *Spiegel*-Interview zum Beispiel allen Ernstes über die „enorme psychische Aufgabe", die kinderlose Frauen zu bewältigen hätten, da der „Stress der Mutterschaft" leichter zu ertragen sei als der „Stress der Kinderlosigkeit."

Wirklich nett von Herrn Schmidbauer, dass er sich um unsereine solche Sorgen macht. Im Dunklen bleibt, woher er diese Einsichten nimmt. Oder habe ich da etwa eine wichtige medizinische Entwicklung versäumt und Psychiater berichten neuerdings tatsächlich zunehmend von „stattpartaler" Depression, die die verbreitete postpartale Depression ablöst?

Ein kleiner Hinweis für solche Frauenversteher: Entgegen einer weit verbreiteten Meinung leben Kinderlose nicht mit einem ständig nagenden Bedauern. Der Stress, wenn sie denn überhaupt einen mit ihrem Leben haben, kommt von außen: Weil ihre Umgebung immer vermutet, sie hätten gesundheitliche Probleme, psychische Probleme, unverarbeitete Probleme mit ihrer eigenen Kindheit oder ihnen fehle jedes Verantwortungsbewusstsein.

„Das unterschätzt man oft. Aber mit dem Zwang und Druck von außen kann die Kinderlosigkeit echt zum Stress werden. Anders zu leben ist offenbar in bestimmten, vor allem in konservativen Kreisen sehr verdächtig", beschreibt die artsprojects-Chefin Kristel Josel, wie mögliche Belastungen erst von anderen getriggert werden. Und hat auch einen Tipp für andere Kinderlose parat: „Bitte lasst euch nicht unter Druck setzen, dass man angeblich irgendetwas so oder so macht."

Kein hausgemachter Stress

Wenn Kinderlosigkeit Frauen Stress bereitet, dann ist er in aller Regel nicht hausgemacht, sondern von außen verursacht: Durch den Druck auf Frauen, doch endlich den herkömmlichen Weg zu gehen. So meinten auch einer deutschen Untersuchung 1996 zufolge knapp 50 Prozent der Frauen, die nach ihren Motiven für Nachwuchs befragt wurden: „Wenn ich Mutter bin, kann ich mich endlich im Familien- und Freundeskreis an den Gesprächen über Kinder beteiligen." Und mehr als 40 Prozent der Befragten waren der Ansicht, dass „man als Frau doch erst so richtig anerkannt wird, wenn man Kinder hat."

Diese Art von Mütter-Idealisierung hat auch die Krankenhausmanagerin Andrea Kdolsky in jüngeren Jahren gehörig unter Druck gesetzt: „Mit den vielen Kindern, die im Freundeskreis geboren wurden, habe ich so Anfang, Mitte Dreißig auch immer intensiver begonnen, mich mit dem Thema Nachwuchs zu beschäftigen. Ich habe beobachtet, wie sich die Frauen plötzlich anders positioniert haben. Die Schwangeren mit verklärtem Blick, um die ihre Männer herumwieseln", erinnert sich die ausgebildete Ärztin, die heute ohne Kinder sehr glücklich lebt. „Das hat mich schon auch gereizt. Ich wurde aber nicht schwanger. Das hat fast einen Wettbewerb gegen mich selbst ausgelöst. Ich wollte jetzt, aber es ging nicht. Der Druck von außen wurde auch noch größer, und ich habe sofort die Schuld bei mir gesucht, dachte, mit mir könnte was nicht stimmen."

Die Rahmenbedingungsfans:
Vereinbarkeit von Familie und Beruf

Nicht nur die Verfechter konservativer Ideologien können mit gewollter Kinderlosigkeit wenig anfangen – und schwelgen in entsprechenden Klischees. Auch aufgeklärte Kreise tappen durchaus in die Falle der Vorstellung, dass Teil und Ziel einer Frauenbiografie die Mutterschaft ist. Eine beliebte These in der fortschrittlichen Politikhemisphäre ist daher: Wären die gesellschaftspolitischen Rahmenbedingungen anders – eben mütterfreundlicher im Sinne der Vereinbarkeit von Beruf und Familie – dann gäbe es auch viel weniger kinderlose Frauen. Mitnichten: Denn auch dieser gut gemeinte Lehrsatz unterstellt eine Homogenität weiblicher Lebensentwürfe, die es so eben nicht gibt.

Die gut Gebildeten und gut Verdienenden sind in der Gruppe der Kinderlosen allen Analysen zufolge überdurchschnittlich vertreten – Frauen also, die sich, wenn sie wollten, die Sache mit der Kinderbetreuung auch durchaus individuell regeln könnten. Und nicht nur könnten, sondern wahrscheinlich auch müssten: Denn Kindertagesstätten und andere Ganztags-Betreuungsangebote haben ohnehin nicht bis 20 Uhr oder länger ihre Pforten geöffnet. Und das ist eben die Arbeitszeit-Realität in Führungspositionen. Und weil dieselben für viele Frauen höchst reizvoll und attraktiv sind, tun sie sich den Spagat lieber gleich gar nicht an. Von den berufstätigen Frauen zwischen 30 und 44 Jahren, zeigt der deutsche Mikrozensus 2004, bekleidet jede Fünfte eine Führungsposition, wenn sie keine Kinder hat. Bei den berufstätigen Müttern derselben Altersgruppe sinkt der Anteil auf zehn Prozent.

78 Prozent der weiblichen Führungskräfte, ergab eine deutsche Studie, haben keine Kinder. Für ihre männlichen Kollegen stellt sich die Frage offenbar anders dar, auf Seiten des starken Geschlechts sind nur 25 Prozent der Top-Jobber kinderlos. Was wohl weniger für ihr tolles Organi-

sationstalent spricht als für die Tatsache, dass ihnen zu Hause jemand den Rücken frei hält.

Klar brauchen wir Krippen

Nur zur Klarstellung: Das soll keinesfalls als Plädoyer gegen den längst überfälligen Ausbau von flächendeckenden Kinderbetreuungseinrichtungen verstanden werden. Das halte ich nicht nur für politisch wichtig, sondern eigentlich für selbstverständlich.

„Überhaupt keine Frage, da haben wir unter anderem in Österreich einen enormen Nachholbedarf, und da ist auch Unterstützung für Frauen nötig", sagt auch Petra Öllinger, Jahrgang 1969 und selbst als gewollt kinderlose Frau keine Zielgruppe für den Ausbau von Tagesstätten. „Ich glaube auch, die meisten, die das fordern, wollen wirklich Frauen unterstützen, und nicht perfid auf einem scheinbar modernen Weg die Reproduktion fördern. Betreuungseinrichtungen halte ich für sehr wichtig, aber man darf damit nicht einfach die Männer aus der Pflicht entlassen." Dass mehr leistbare Betreuungsmöglichkeiten überzeugt kinderlose Frauen umstimmen würden, bezweifelt allerdings auch Petra: „Ich glaube allerdings nicht, dass sich dann mehr Frauen für Kinder entscheiden würden, es geht darum, dass es die, die es tun, leichter haben."

Es ist sicher kein Zufall, dass die Kinderdichte in den europäischen Ländern sehr oft mit dem Ausmaß der weiblichen Erwerbstätigkeit korreliert – siehe Frankreich oder Skandinavien. Die wiederum hat allerdings nicht nur zu tun mit der Anzahl öffentlich zur Verfügung gestellter Kinderbetreuungsplätze. Sondern auch mit der generellen gesellschaftlichen Haltung berufstätigen Frauen gegenüber. Wenn es, wie etwa in Frankreich, nicht Ausdruck von Rabenmuttertum ist, drei Monate nach der Geburt an den Schreibtisch zurückzukehren und das Baby anderen anzuvertrauen, sondern völlig normal, fällt viel Druck weg.

Schon deshalb halte ich diese Veränderung der Rahmenbedingungen auch in den deutschsprachigen Ländern für wichtig und notwendig. Aber eines muss klar sein: Sie machen das Leben leichter für Frauen, die Kinder wollen und dabei nicht auf ihre Berufstätigkeit verzichten möchten. Aber sie werden nicht die vielen Frauen überzeugen, die sich aus anderen vielfältigen Gründen für ein Leben ohne Nachwuchs entschieden haben.

„Die Forderung nach mehr Kinderbetreuung muss man schon ernst nehmen, aber es trifft den Kern des Themas eigentlich nicht", sagt auch die Psychotherapeutin und Sozialarbeiterin Veronika Holzknecht, 53, die als kinderloser Single in Wien lebt. „Keine Kinder, nur weil es nicht die passenden Kinderbetreuungsplätze gibt? Das riecht doch sehr nach einer Reduktion auf das Konzept von Gebärerinnen."

Das Fertilitäts-Paradoxon
Dass es unbedingt die Entscheidung für Beruf einerseits oder Kind andererseits sein soll, die Frauen vom Kinderkriegen abhalten soll, ist schwer nachvollziehbar. Denn ganz generell passen, anders als das konservative Familiencredo es meint, hohe Frauenerwerbsquoten und hohe Kinderquoten durchaus zusammen.
Die durchschnittliche Frauenerwerbsquote in den 25 Mitgliedsländern der EU lag im Jahr 2004 bei 55,7 Prozent. Über dem Durchschnitt liegen Länder wie Dänemark (71,6 Prozent), die Niederlande (65,8 Prozent), Finnland (65,6 Prozent), Schweden (70,5 Prozent), Großbritannien (65,6 Prozent) oder Frankreich (57,4 Prozent).
Dazu im Vergleich die Fertilitätsquoten: Über dem EU-Durchschnitt von 1,48 Kindern pro Frau im Jahr 2003 liegen offenbar genau die Länder mit einer hohen Erwerbsquote: Zum Beispiel Dänemark (1,76), Frankreich

(1,89), die Niederlande (1,75), Finnland (1,76), Schweden (1,71) oder Großbritannien (1,71). Unter dem Durchschnitt bei der Gebärfreudigkeit sind Deutschland (1,34), Griechenland (1,27), Spanien (1,29), Italien (1,29) oder Österreich (1,39).

Es geht um mehr

„Das Fehlen von Betreuungsplätzen ist sicher nicht allein der Punkt, warum Frauen kinderlos bleiben", sagt Roswitha Hasslinger. „Es gibt auch viele Frauen, die sich jenseits von öffentlichen Kinderbetreuungseinrichtungen durchaus Kinderbetreuung organisieren könnten, auch finanziell. Und sie wollen trotzdem keinen Nachwuchs", sagt die Top-Managerin. „Hätte ich mit 30 ein Kind bekommen, hätte ich sicher so eine Möglichkeit gefunden. Aber das hätte sich mit meinem Verantwortungsgefühl geschlagen: Wenn schon ein Kind, dann nicht, um es den ganzen Tag wo abzugeben."

Auch die Wissenschaft hat Belege dafür zu Tage befördert, dass die Entscheidungsprozesse für oder gegen Nachwuchs vielschichtig sind und sich keineswegs auf die Frage der Betreuungs-Infrastruktur reduzieren lassen. So konnten etwa die Sozialwissenschaftler Karsten Hauk und Michaela Kreyenfeld vom Max-Planck-Institut für demografische Forschung in Rostock in einer Studie keinen Zusammenhang zwischen der Entscheidung für ein Kind und der lokalen Verfügbarkeit von Kindergartenplätzen feststellen.

Zu ähnlichen Ergebnissen führten die Untersuchungen von Alexandra Klein vom Statistischen Zentralamt Baden-Württemberg: „Einige Studien weisen darauf hin, dass Frauen in den alten Bundesländern die institutionelle Kinderbetreuung eher nicht in ihre Entscheidung für ein Kind mit einbeziehen", schreibt die Statistikerin in einem Bericht. „Der Anteil der kinderlosen Personen wird umso größer, je größer eine Kommune ist. Mit der Größe der Kommune nimmt in aller Regel aber auch die Infrastruktur der Kinderbetreuung zu." Ihre Schlussfolgerung: „Dies weist darauf hin, dass nicht alleine die Rahmenbedingungen, sondern viel mehr die ihnen zugrunde liegenden Werte und Einstellungen die Entscheidung für ein Kind beeinflussen."

Vereinbarkeit als Falle

Die Forderung nach mehr Kinderbetreuungsplätzen geht üblicherweise – unter dem Motto der besseren Vereinbarkeit von Kindern und Karriere – auch mit der Forderung nach einem „Recht auf Teilzeitarbeit" für Mütter Hand in Hand. Was wie Hilfe und Unterstützung für Frauen aussieht, kann aber auch zur Falle werden. Denn gerade viele interessante Jobs lassen sich nicht auf einer 20-Stunden-Basis organisieren, ganz abgesehen von den finanziellen Aspekten. Deshalb zeigt sich auch die französische Philosophin Elisabeth Badinter im Weltwoche-Interview mehr als kritisch, was dieses scheinbare Lösungsmodell betrifft: „Strebt man Gleichberechtigung an, dann sind diese Modelle inakzeptabel. Denn sie halten die Frauen in finanzieller Abhängigkeit. Wie soll eine Frau selbstständig entscheiden können, wenn ihr Teilzeitlohn oder ihr Mutterschaftsgeld ihr kein Auskommen erlaubt?"

Was gerade in diesem Zusammenhang – Unabhängigkeit setzt vor allem einmal finanzielle Unabhängigkeit voraus – auch nicht vergessen werden darf: Dieselben, die ganz besonders auf die Rahmenbedingungen pochen, die angeblich Familie und Beruf besser vereinbar machen, vergessen auch an keinem achten März, dem internationalen Frauentag, darauf hinzuweisen, dass die Fraueneinkommen in Österreich – und nicht viel anders ist die deutsche Situation – bei nur 60 Prozent der Männereinkommen liegen. Was zwar in Summe stimmt, aber nicht wirklich korrekt gerechnet ist: Denn fast 40 Prozent der Alpenrepublikanerinnen sind teilzeitbeschäftigt, und nur 3,9 Prozent der

Männer. In Österreich gibt es 550.000 hauptberufliche Hausfrauen. In Deutschland stellen mit fast sechs Millionen Personen Frauen 86 Prozent aller Teilzeitbeschäftigten.

Fazit: Wer weniger arbeitet, verdient logischerweise weniger. Und wer dafür eintritt, dass man ein Recht auf Teilzeit einklagbar im Arbeitsrecht verankern soll, perpetuiert die Einkommensschere, schreibt fest, dass Frauen kein Einkommen haben, von dem sie im Ernstfall auch allein leben können – und sorgt noch dazu dafür, dass in Betrieben, die keine erzwungenen Teilzeitkräfte wollen, Frauen im gebärfähigen Alter nicht gefragt sind.

Was die Kritik an der Ungerechtigkeit im Übrigen nicht schmälern soll: Denn es ist auch noch höchst problematisch, dass beim Vergleich der Bruttostunden-Verdienste von Vollzeitbeschäftigten – einem, der wirklich aussagekräftig ist – auch noch eine Differenz von 20 Prozent zu Ungunsten der Frauen herauskommt. Wobei wir dann aber auch wieder beim Problem sind, dass, wer immer wieder einmal zwischen einem und drei Jahren Berufspause einlegt, naturgemäß in weniger attraktive Berufs- und Gehaltssphären vordringt.

Die Sorgenvollen:
Kinderlos und später einsam

Knapp 45 Prozent der Frauen, die nach ihren Motiven für Nachwuchs befragt wurden, meinten in einer deutschen Untersuchung im Jahr 1996: „Kinder sind gut, um jemanden zu haben, auf den man sich in Notfällen verlassen kann." Und mehr als 42 Prozent waren der Meinung, „Kinder sind gut, um jemanden zu haben, der uns im Alter hilft."

Was sich in diesen Beweggründen widerspiegelt, eigenen Nachwuchs zu haben, gehört auch zu den kinderlosen Frauen gegenüber besonders oft vorgebrachten Argumenten, warum ihre Entscheidung falsch sei: Wer keine Kinder hat, ist im Alter einsam und verlassen.

Unsinn, meinen die Frauen, denen ein derart trauriges Schicksal prophezeit wird. „Die Frage der Einsamkeit beschäftigt mich natürlich manchmal. Schon klar, meine Kunstwerke werden sich nicht um mich kümmern, wenn ich alt bin. Aber wer weiß schon, ob meine Kinder für mich sorgen würden, wenn ich welche hätte", sagt die 48-jährige Künstlerin und Galeriebesitzerin Silvia Grossmann. „Abgesehen davon, dass ich das wahrscheinlich gar nicht wollte. Ich werde einmal eine Alte sein, die stolz darauf ist, was sie noch alles kann."

Auch Roswitha Hasslinger kann dem Argument, sich Kinder als Vorsorge gegen die Alterseinsamkeit anzuschaffen, wenig abgewinnen. „Die Vorstellung ist doch absurd, Kindern diese Rolle zuzuschanzen. Und was ist mit den vielen Alten, die zwar Kinder haben, und um die sich aber trotzdem niemand kümmert", stellt sie die Realitätsnähe des verbreiteten Klischees in Zweifel. „Eine solche Vorgabe führt doch zwangsläufig zu großen Spannungen zwischen den Generationen. Ersatzstrukturen sind die viel bessere Vorbereitung auf ein Alter ohne Einsamkeit: Netzwerke, Beziehungen, Freundschaften."

Gut aufgehoben in Beziehungsnetzen

Deshalb haben die meisten kinderlosen Frauen wie Veronika Holzknecht schon wegen der Vielfältigkeit ihrer Kontakte auch wenig Sorge um ihr Sozialleben im Alter: „Aufs Altsein freue ich mich richtig. So viele Besucher wie ich wird kaum eine Mutter im Altersheim haben", scherzt die Psychotherapeutin in Anspielung auf die vielen Nichten, Neffen und Kinder von Freunden, um die sie sich kümmert. „Kinder zu haben ist keine Altersversorgung. Heute liegt eine Frauengeneration einsam in den Pflegeheimen, die noch relativ viele Kinder hatte. Und wo sind die dankbaren Sprösslinge?"

Die Unternehmensberaterin Andrea Bumharter hat eine

Erklärung für die wenig umhegten Mütter in den Altersheimen: „Um im Alter trotz Familie nicht einsam zu sein, muss man sich mit den Kindern verstehen, und das ist keineswegs selbstverständlich. Kinder als Altersversicherung sind unsinnig. Das wäre für mich nie ein Motiv gewesen, Kinder zu kriegen, das würde ich niemandem zumuten."

Dass Kinderlose im Alter einmal einsamer und unglücklicher sind als Mütter, mit dieser Vorstellung räumt auch die Wissenschaft auf. Eine Studie der Universität Florida aus dem Jahr 2003 ergab nach der Befragung von 3800 Personen zwischen 50 und 85: Frauen – und Männer – ohne Kinder fühlen sich im Alter genauso viel oder wenig einsam und zufrieden wie Eltern. Fazit der Autoren: „Nachwuchs zu haben ist keine Garantie für ein glückliches Alter." Einen Unterschied zwischen verschiedenen Gruppen von Frauen beobachteten die Forscher allerdings: Kinderlose Frauen, die mit dieser Tatsache nicht zufrieden waren und eigentlich gern ein Kind gehabt hätten, fühlten sich tendenziell einsamer und depressiver als Frauen mit bewusst gewählter Kinderlosigkeit, die sich mit ihrer Entscheidung wohl fühlten.

„Ich glaube nicht, dass es mit Kinderlosigkeit oder mit Kindern zu tun hat, ob man im Alter einsam ist, sondern damit, wie viel und gern man mit anderen Menschen zusammen ist", bringt es die 60-jährige pensionierte Lehrerin Grete, selbst kinderlos, auf den Punkt: „Auch wenn man Kinder hat, ist es doch so, dass sie ihren eigenen Weg gehen, da ist man dann auch allein. Man muss sich einfach generell darum kümmern, nicht allein zu sein und Kontakte zu pflegen."

Perspektive Alten-WG

„Von wegen einsam. Das ist alles eine Frage der Herangehensweise", entwickelt die Kulturmanagerin Kristel Josel Perspektiven für ein Alter mit jeder Menge Sozialkontakten. „In Mailand gibt es zum Beispiel die Casa Verdi, ein ganz tolles Altersheim für Künstler. Das, oder eine Alten-Wohngemeinschaft oder sonst neue Formen zu leben, das sind für mich tolle Alternativen zur Vorstellung, Kinder müssten sich um alte Eltern kümmern. Da werden wir in Zukunft Fantasie und den Mut zu neuen Lebensformen brauchen, für Mütter und für Kinderlose. Sich auf Kinder fürs Alter zu verlassen ist jedenfalls nicht fair und nicht zeitgemäß."

Kandidatinnen für solche Wohnprojekte dürfte Kristel jedenfalls genügend finden. „Es wird spannend. Wir werden heute später alt und es wird auch zunehmend so, dass Beruf und Privates mehr ineinander übergehen. Ich werde sicher auch, wenn ich alt und vielleicht offiziell in Pension bin, noch Projekte machen", sagt auch die Museumskuratorin Romana Schuler. „Ich werde mit meinen Freunden gemeinsam alt werden, und vielleicht kehren wir dann ja auch wieder zum Konzept der Wohngemeinschaften zurück. Schließlich sind wir die Generation, die auch in der Jugend so gelebt hat."

Auch Mesotherapeutin Monika Fuchs macht sich wenig Sorgen: „Die neuen Alten werden anders und aktiver sein. Da wird es auch andere Lebensformen geben, jenseits von Familie und Pflegeheim. Es wird auch gar nicht anders gehen, bei dieser demografischen Entwicklung. Mit uns wird eine Generation alt, die ganz offen mit verschiedenen Lebensformen umgehen kann, weil wir von der Wohngemeinschaft bis zur Zweierbeziehung vieles ausprobiert haben. Kinder sind jedenfalls keine Garantie, dass man im Alter nicht allein ist. Es gibt so viele Menschen, die zu ihren Eltern überhaupt keinen Kontakt mehr haben. Das sehe ich auch im Krankenhaus, bei weitem nicht alle, die dort lange liegen und keine Besuche bekommen, sind kinderlos."

Die Modernen:
Die mangelnde Familienfähigkeit der Männer

„Neue Väter braucht das Land", forderte – hoffentlich nicht ganz unironisch – der *Spiegel* in einem Special „Wege aus der Krise – Generation Kinderlos" in Anspielung auf einen wunderbaren Ina-Deter-Song. Allerdings: Sind wirklich die ungeeigneten Männer für die Entscheidung vieler Frauen verantwortlich, auf Nachwuchs zu verzichten?

Ganz wie das Klischee von der fehlenden Vereinbarkeit von Familie und Beruf, die uns Frauen angeblich gezwungenermaßen kinderlos hält, geht auch ein anderes derzeit modernes Szenario mit Vorliebe davon aus, dass wir schon Kinder kriegten, wenn man uns nur ließe. So wird nicht mehr nur die Entscheidung der Frauen als ausschlaggebend für Kinderlosigkeit von Paaren betrachtet, sondern vielfach orten Journalisten und andere Beobachter des Zeitgeistes jetzt auch den Zeugungsstreik: Hätten Frauen Männer, die Kinder wollen, würden sie auch mehr gebären.

Ex-Bundesfamilienministerin Renate Schmidt vermutete etwa in mehr als einem Interview, dass es letztlich häufiger die Männer als die Frauen seien, die bei einer Entscheidung für oder gegen ein Kind den Ausschlag geben. Also schon wieder einmal arme Frauen, die zur Kinderlosigkeit gezwungen werden? Wohl kaum. Denn ein Missverhältnis in der Partnerschaft in einer so entscheidenden Frage wie der Vorliebe für Nachwuchs, zeigt sich häufig, endet ohnehin viel öfter mit einer Trennung als mit dem stummen Leiden der gezwungen kinderlos gehaltenen Frauen.

Der große Irrtum der Zeugungsstreik-Logik: Wenn Frauen können, wie sie wollen, tun sie, was sie wollen. Genauso wie sie die Universitäten und viele Berufe erobert haben, die früher für sie unerreichbar waren, kaum dass man sie ließ, so wählen sie heute, wenn man sie lässt, auch Unabhängigkeit und Freiheit.

Neue Männer braucht das Land

Viel eher, als dass die Männer beim natürlichen Kinderwunsch der Frauen nicht mitziehen und ihn vermasseln,
stellt sich manchmal das Problem, dass sie schlicht als nicht
geeignet für eine partnerschaftliche Form der Familie eingeschätzt werden. „Frauen suchen sich heute viel selbstbe-
wusster die Väter ihrer potenziellen Kinder aus. Wir werden nicht mehr einfach geheiratet, wir können uns endlich
bewusst entscheiden", beobachtet Roswitha Hasslinger.
„Aber dann wird es auch dünner mit der Auswahl. Ich selbst
hatte immer wieder tolle Partner, aber als Vater hätte ich
keinen von ihnen gesehen."

Eine Erfahrung, die sie mit Veronika Holzknecht, Mittfünfzigerin, Psychotherapeutin und Sozialarbeiterin, teilt:
„Im Schlepptau der Frauenbewegung kamen die angeblich
neuen Männer – allerdings mit alten Hirnen, wie wir oft
feststellen mussten. Und die waren nun wirklich keine ge-
eigneten Väter für Kinder." Was für sie aber nie ein Grund
gewesen wäre, ohne festen Partner ein Kind zu bekommen:
„Schon als junges Mädchen, aber dann auch später in der
Frauenbewegung, war das Konzept der Alleinerzieherin für
mich ein absoluter Schreckensgedanke – obwohl das damals
ja sehr idealisiert wurde", erinnert sich Veronika. „Kinder
konnte ich mir für mich schon vorstellen – aber in einer passenden Partnerschaft und unter der Voraussetzung, dass ich
nicht auf die Mutterrolle reduziert werde."

Unter einer solchen Bedingung könnte sich auch Karin
durchaus vorstellen, ihre Entscheidung gegen Nachwuchs
noch einmal zu überdenken. „Ich lasse die Frage von Kindern eigentlich noch offen. Wenn ich den richtigen Partner
treffen würde, könnte ich mir das schon vorstellen", sagt
die Mitarbeiterin einer Partei. „Meine politische Arbeit
möchte ich auf keinen Fall aufgeben, dazu bräuchte ich aber
einen Partner, der mich unterstützt, der zu Hause beim
Kind bleibt, wenn ich unterwegs bin. Aber den muss man

zuerst einmal finden. Auf Biegen und Brechen möchte ich keine Familie haben. Meine Arbeit ist mir viel wert. Familie ist nicht mein absolutes Lebensziel."

Die Wissenschaftsgläubigen:
Das Spiel der Reproduktionsmedizin

Die Fortschritte der Reproduktionsmedizin erhöhen noch mal den sozialen Druck auf Kinderlose. Denn selbst wenn die Chance auf Nachwuchs aus dem Labor bei nur, nach internationalen Zahlen, 20 Prozent liegt – für Österreich werden Werte von fast 30 Prozent angegeben –, mit zunehmendem Alter sinkt und bei 40-Jährigen nur mehr fünf bis zehn Prozent erreicht, vermitteln Reproduktionsmediziner, Kinderlosigkeit müsse heute einfach nicht mehr sein. Und stilisieren sich geschickt zu Kämpfern für das angebliche Recht auf ein eigenes Kind. Mit dem angenehmen Nebeneffekt, dass so viel Selbstlosigkeit auch schöne Honorare einbringt. Ungewollt Kinderlose werden damit zur Zielgruppe für höchst profitable Marktinteressen – und in der Hitze der Debatte dann rasch einmal alle Kinderlosen zu ungewollt Kinderlosen.

Peter Kemeter, einer der Pioniere der Invitro-Fertilisation in Österreich und Leiter des Instituts für Reproduktionsmedizin und Psychosomatik der Sterilität, relativiert in einem Interview mit der *Wiener Zeitung* auch klar die Versprechungen seiner Zunft: „Seit Anwendung dieser Methoden dürften mehr Bedürfnisse geweckt worden sein, als gestillt werden konnten." Kemeter weiß, dass es bei Patienten ohne organischen Befund im Hinblick auf die Erfolgsaussichten kaum einen Unterschied macht, ob sie mit reproduktionsmedizinischen Techniken oder überhaupt nicht behandelt werden.

„Eine kinderlose Frau kann keine richtige Frau sein, ist die dahinter stehende patriarchale Logik", rechnet die

Autorin Hilde Schmölzer in ihrem Buch „Die abgeschaffte Mutter. Der männliche Gebärneid und seine Folgen" mit der organisierten künstlichen Befruchtung ab. Vor allem sei die Reproduktionsmedizin ein Riesengeschäft, während weltweit viele tausend Kinder sterben, weil für sie nicht einmal die einfachsten Medikamente zugänglich seien.

Geld spielt keine Rolle

Trotz mäßiger Erfolgsaussichten gibt es, wenn es darum geht, mit Babys aus der Retorte die natürliche Bestimmung der Frau künstlich herbeizuführen, auch öffentliches Geld.

Allein in Deutschland versuchen knapp 40.000 Frauen im Jahr künstlich schwanger zu werden, rund 65.000 Behandlungen werden durchgeführt, die in vielen Fällen die Krankenkassen zahlen – bis zu vier Versuche pro Frau.

In Österreich sind für 2002 genau 4680 Behandlungszyklen in den einschlägigen Statistiken vermerkt, zwei Jahre später waren es schon 4878 Behandlungsfälle, die in 28 Prozent tatsächlich zu Schwangerschaften führten.

Wobei in der Alpenrepublik das Lobbying der auch höchst mediengängigen Fertilisierungsmediziner besonders gut geklappt hat. Denn der eigens eingerichtete österreichische IVF-Fonds übernimmt seit dem Jahr 2000 70 Prozent der Kosten einer solchen Prozedur, und zwar bei bis zu vier Versuchen pro nachwuchswilligem Paar. Bei Kosten von rund 2600 Euro pro Versuch läppert sich da ziemlich viel zusammen.

Eine Traumvorstellung für alle Branchen. Ich verstehe bloß nicht, warum es noch immer nicht geklappt hat mit unserer Forderung, einen staatlichen PR-Fonds einzurichten. Und jeder, der sich von einer PR-Agentur wie der unseren beraten lassen will, kann sich 70 Prozent der Kosten zurückholen. Oder warum haben sich die Schönheitsmediziner noch immer nicht durchgesetzt mit einem solchen Fonds, der Fettabsaugungen zu 70 Prozent refundiert?

Kann ja schließlich auch ganz schön belastend sein, wenn man sich zu dick fühlt.

Spaß beiseite, aber hier gilt offenbar das Lamento über den von Zahlungsunfähigkeit bedrohten Sozialstaat nicht mehr, denn schließlich ist die hehre Aufgabe im Spiel, die Nation vor dem Aussterben zu bewahren.

Skepsis aus Erfahrung

Gar nicht wenige kinderlose Frauen, die heute mit der Situation ohne Nachwuchs durchaus glücklich sind, haben auch einschlägige Erfahrungen mit den Möglichkeiten der Medizin, der Infertilität nachzuhelfen.

Medizinerin Andrea Kdolsky musste in ihrer ersten Ehe feststellen, dass ihre undurchlässigen Eileiter der Grund waren, warum sich ihr damaliger Kinderwunsch nicht erfüllte. Man riet ihr zum chirurgischen Eingriff, um das Problem zu lösen und die Eileiter zu öffnen. „Die psychologische Beratung bei einer solchen Operation war damals zumindest sehr schlecht, ich hoffe, das hat sich inzwischen verbessert. Denn eigentlich sollte der Gynäkologe sich doch auch damit beschäftigen, wie es um die Beziehung steht. Ein solcher Eingriff ist nämlich völlig sinnlos, wenn man dann nicht sehr rasch schwanger wird – dann verschließen sich die Eileiter wieder", erinnert sich Andrea heute. „Und ich bin dieses Risiko eingegangen für nichts – denn gleich danach waren wir schon in der Scheidungsphase."

Nach dem ersten, wie sich herausstellte, unnützen Eingriff kam die Top-Managerin ein zweites Mal in die Situation, die Möglichkeiten der modernen Medizin in Anspruch zu nehmen. „In meiner neuen Ehe hätte es dann wirklich gepasst, wir konnten uns beide gut vorstellen, gemeinsam Kinder zu haben. Deshalb haben wir uns auch zu einer IVF entschieden. Das darf man nicht herunterspielen, wie ich heute weiß, das ist kein Friseurbesuch. Es bedeutet eine extreme Belastung für die Frau und für die Partnerschaft", warnt

Andrea vor der Vorstellung, künstliche Befruchtung sei eine banale Routinesache. „Man wird hormonell überstimuliert – mit den entsprechenden extremen emotionalen Schwankungen. Auch eine sehr gute Partnerschaft kann da an die Kippe geraten. Das Leben reduziert sich auf Stimulation, Punktation, Labor, Implantation, Sexualität verliert jede Natürlichkeit. Wir hatten schon vorher definiert, dass wir nur drei Versuche machen würden. Und eigentlich war ich sehr erleichtert, als der dritte vorbei war – und wieder nicht geklappt hat. Denn es bedeutete, endlich wieder zurück zu einem normalen Leben zu kommen", zieht die 42-Jährige Resümee. Heute lebt sie mit ihrem Mann glücklich und ohne Bedauern, dass die Anstrengungen nicht geklappt haben.

Auch für die 46-jährige Tina hat sich die Frage, allenfalls medizinische Unterstützung in Sachen Kinderwunsch zu suchen, einmal gestellt. „Mit etwa 34 oder 35 habe ich gesagt: Meine biologische Uhr tickt. Ich habe mit der Verhütung aufgehört, aber ich bin nicht schwanger geworden. Wir haben zwar immer gesagt: Unser beider Glück hängt nicht von einem Kind ab. Aber ich wollte nur für später die Gewissheit haben, dass ich es darauf ankommen habe lassen, dass ich meinem Körper zumindest die Chance gegeben habe, schwanger zu werden. Kurz vor weiteren medizinischen Schritten ist mein Lebensgefährte gestorben", erzählt sie. Aber nicht nur der traurige Verlust hat die Spirale weiterer Untersuchungen und Eingriffe gestoppt. „Wir hätten sicher keine weiteren Schritte, sei es eine Operation oder anderes, unternommen. So drängend war der Kinderwunsch nicht."

Interview mit der Schauspielerin, Sängerin und Moderatorin Heilwig Pfanzelter

Die 1953 geborene Schauspielerin, Chanson-Sängerin und Moderatorin finanzierte sich ihre Gesangs- und Schauspielausbildung als Lehrerin. Seit 1986 präsentiert sie im ORF verschiedene Sendungen, seit 1995 tritt sie unter anderem auch mit eigenen Chanson-Programmen auf zahlreichen Bühnen auf.

Birgit Kofler: *Kinderlose sind kalt, egoistisch, karrieregeil. Kennen Sie diese Art von Vorurteilen?*
Heilwig Pfanzelter: Was meine so genannte Kinderlosigkeit betrifft, habe ich nie darüber nachgedacht, dass ich damit vielleicht nicht den gesellschaftlichen Mustern oder Erwartungen entspreche. Das war für mich nie ein Thema. Gibt es wirklich diese Erwartungen an eine Frau, unbedingt Kinder zu bekommen? Ich bin immer voll und ganz in meinem Beruf aufgegangen. Das ist mein Leben, meine Leidenschaft. Und aus dem Grund hatte ich wahrscheinlich auch nie die Zeit dazu, mich zu fragen, ob mein Leben den Erwartungen der Gesellschaft entspricht. Aber Vorurteile gegen kinderlose Frauen kenne ich persönlich, aus eigener Erfahrung, zum Glück nicht.

B.K.: *Sie waren vor Ihrer Bühnen- und TV-Karriere Lehrerin. Also mögen Sie Kinder?*

H.P.: Ja, ich mag Kinder sehr und habe darin nie einen Widerspruch zu meiner künstlerischen Laufbahn gesehen. Ich wollte immer zur Bühne. Schon als Kind! Ich habe mir dann mein Schauspielstudium und mein Gesangsstudium als Volksschullehrerin finanziert. Ich dachte mir, für mich gibt es keinen angenehmeren und schöneren Weg, mein Ziel zu erreichen, und habe diesen Beruf ganz bewusst gewählt. Es gab von meinem Vater die Vorgabe: Du kannst gerne zur Bühne, aber zuerst musst du einen bürgerlichen Beruf erlernen. Für mich wäre ein Bürojob eine Qual gewesen. Zwar wusste ich, dass ich nicht mein Leben lang Lehrerin sein würde, ich habe diesen Beruf fünf Jahre lang ausgeübt. Aber mit den Kleinen zu arbeiten hat mir viel Freude gemacht und ich möchte diese Zeit nicht missen. Sie hat mein Leben sehr bereichert. Ich habe immer versucht, im Unterricht die musischen Begabungen der Kinder zu fördern und ihre Schwächen damit zu überwinden. Zu dem Zeitpunkt hatte ich schon dramatischen Unterricht und habe für das Landesstudio Vorarlberg Hörspiele gemacht.

B.K.: *Haben viele Ihrer Freunde und Bekannten Kinder?*
H.P.: Ja, auch heute bin ich noch sehr viel mit Kindern zusammen, weil ich in einen Freundeskreis eingebunden bin, wo es viele Kinder gibt. Die Kinder lieben es zum Beispiel ganz besonders, wenn ich sie in meinem Cabrio mitnehme. Da gibt es viele schöne Erlebnisse.

B.K.: *Sie sind bekanntermaßen sozial sehr engagiert. Auch in Sachen Kinder?*
H.P.: Ich mache viele Benefizveranstaltungen für Kinder, etwa für „Rettet das Kind", „Die Möwe" oder für die Caritas, wo ich jetzt gerade in Vorarlberg in einer Plakat- und Inseratenkampagne für Kinderpatenschaften in Ecuador werbe. Da geht es um behinderte Kinder, die noch mehr

unseres Schutzes bedürfen als andere. So versuche ich auf meine Art, meine Liebe, mein Engagement für die Kleinen auszudrücken.

B.K.: *Kam Ihnen aufgrund dieser Liebe zu Kindern nie der Gedanke, selbst Kinder haben zu wollen?*
H.P.: Wenn ich ehrlich bin, nein. Es gab schon immer wieder den Gedanken, wie würde wohl ein Kind von mir sein? Wie würde es aussehen? Aber es braucht ja zum Kinderkriegen bekanntlich auch einen Partner. Und obwohl ich schöne Partnerschaften in meinem Leben hatte, war der Wunsch, eigene Kinder zu haben, nie so groß, dass ich ganz entschlossen gesagt hätte: Und jetzt will ich ein Kind. Diese große Liebe zu den Kindern war immer da, aber nie der dezidierte Wunsch, selbst ein Kind haben zu wollen.

B.K.: *Wussten Sie das schon sehr früh, dass Sie kinderlos bleiben wollen?*
H.P.: Wenn ich heute zurückdenke, war immer der Wunsch da, künstlerisch zu arbeiten, auf der Bühne zu stehen, aber ich habe nie von eigenen Kindern, einer eigenen Familie geträumt.
Es hat sich einfach auch nicht ergeben. Ich habe schon in sehr vielen Interviews gesagt: Meine Lieder sind meine Kinder! Und das stimmt auch irgendwie. Interessanterweise war das erste Lied, das ich im Fernsehen gesungen habe, für „Licht ins Dunkel", ein Lied über Kinder.

B.K.: *Sie haben erwähnt, dass Sie Vorurteile gegen kinderlose Frauen aus persönlicher Erfahrung nicht kennen. Hat Sie tatsächlich nie jemand aufgrund Ihrer Kinderlosigkeit kritisiert?*
H.P.: In diesem Zusammenhang sind nie Fragen an mich gerichtet worden, auch von meiner Familie nicht. Meine Eltern – sie sind leider schon gestorben – waren sehr stolz

auf mich, auf meine Fernsehtätigkeit, auf meine verschiedenen Bühnenauftritte. Sie haben mich immer unterstützt. Sie hätten es wahrscheinlich gerne gehabt, wenn ich geheiratet hätte. Das schon. Aber das kann ja schließlich immer noch kommen.

B.K.: *Inwieweit haben die Erlebnisse und Erfahrungen mit Ihrer Ursprungsfamilie, insbesondere mit Ihrer Mutter, Ihre Einstellung zu Kindern geprägt?*
H.P.: Ich hatte eine sehr schöne Kindheit, wir waren drei Schwestern und haben sehr viel Liebe und Geborgenheit erfahren. Wir haben sehr sparsam gelebt, aber unendlich viel Liebe für unser Leben mitbekommen. Aber das heißt nicht automatisch, dass man es dann im eigenen Leben auch so machen will.

B.K.: *Gab es eine kinderlose Frau in Ihrem Verwandten- oder Bekanntenkreis, die Sie bewundert oder verehrt haben?*
H.P.: Das nicht, aber es gab immer wieder kinderlose Frauen im öffentlichen Leben, die ich bewundert habe, zum Beispiel Mutter Theresa aufgrund ihres sozialen Engagements.

B.K.: *Haben Sie Neffen und Nichten oder sind Sie eine Ruftante?*
H.P.: Ja, ich habe eine Nichte und zwei Neffen, und auch zwei Patenkinder. Der älteste Neffe, auch Patenkind, ist jetzt schon 34. Ich erinnere mich gerne daran zurück, dass ich sehr viel Zeit mit ihm verbracht habe. Uns beide verbindet eine ganz innige Freundschaft. Als er seine jetzige Frau kennen gelernt hat, war es die „Gotta", also ich als Patentante, die als Erste erfahren hat, dass er sich verliebt hat. Das jüngste Patenkind ist vier.

B.K.: *Wenn Sie über Ihre Karriere nachdenken, wäre sie* *in dieser Form möglich gewesen, wenn Sie Kinder bekommen hätten?*

H.P.: Mit einem Partner zusammen glaube ich, ganz bestimmt, dass es möglich gewesen wäre, hätte ich wirklich den Wunsch gehabt, ein Kind zu haben.

B.K.: *Können Sie nachvollziehen, dass Frauen aufgrund finanzieller Überlegungen und zugunsten eines bestimmten Lebensstils kinderlos bleiben?*

H.P.: Ja, das kann ich schon. Ein Kind zu bekommen ist eine sehr persönliche Entscheidung. Und es gibt finanzielle Konstellationen, wo es einfach schwierig wäre mit einem Kind. Auf der anderen Seite wissen wir, dass die kinderreichsten Frauen in den ärmsten Ländern leben.

B.K.: *Manche Menschen meinen, Kinderlose seien im Alter einsamer als Menschen mit Kindern. Beschäftigt Sie dieser Gedanke?*

H.P.: Nein, überhaupt nicht. Es ist nicht gesagt, dass Kinder sich immer um ihre Eltern kümmern, wenn diese älter werden. In meiner Familie war es so, meine Schwestern und ich haben uns sehr um unsere älter werdenden Eltern gekümmert. Das war für uns auch ganz natürlich. Aber selbstverständlich ist es in unserer Gesellschaft leider nicht, dass Kinder ihre Eltern umsorgen. Wenn man alleine lebt, ist es ganz wichtig, einen guten Freundes- und Bekanntenkreis zu haben, den man intensiv pflegt und in dem man gut aufgehoben ist. Freunde sind so wichtig, es ist wichtig, gute Wegbegleiter zu haben.

B.K.: *Was würden Sie als die angenehmsten Seiten an Ihrem Leben und Ihrem Lebensstil beschreiben?*

H.P.: Angenehm ist, dass ich einen Beruf habe, der für mich noch nie Arbeit war. Angenehm ist, dass ich wunderbare Freunde habe. Angenehm ist, dass ich vielen Menschen mit meinen Programmen auf der Bühne immer etwas mitgeben kann, einen Satz, ein Lied, etwas, an das sie sich zurückerinnern etwas, das ihr Herz berührt. Das ist mein Traum: Die Herzen der Menschen zu berühren. Dass dies immer wieder gelingt, macht mich dankbar und glücklich.

Kinder kriegt man zusammen, keine auch

Der Gerechtigkeit halber sei an dieser Stelle, schon mit Blick auf meine männlichen kinderlosen Freunde, doch einmal erwähnt, dass der Vorwurf, mit einer Entscheidung gegen Nachwuchs würde man sich gegen die Natur verhalten, nicht immer nur uns Frauen treffen muss. Ich erinnere mich, wie mir mein alter Freund E. sein Herz ausschüttete: Seine Lebenspartnerin will eine Familie gründen – er nicht. Sie fühlt sich im Recht – er sei der, der sich widernatürlich verhalte. „Und dann kommt sie mit diesen ganz objektiven Argumenten daher, die für Kinder sprechen sollen", klagte E. „Zum Beispiel, dass man mit Kindern später im Alter einmal nicht einsam sein wird."

Einmal abgesehen davon, dass gerade dieses Argument besonders leicht zu widerlegen ist – die Alten- und Pflegeheime sind zwar voll von einsamen Menschen, aber viele davon haben Kinder. E.'s Erfahrung haben auch viele kinderlose Frauen schon gemacht: Andere erklären uns die Welt im einfachen Schema, dass ein fehlender Kinderwunsch eine subjektive Entscheidung ist, während für Sprösslinge doch die objektiven Tatsachen sprechen.

Dabei ist doch eines klar: Objektive Argumente und für alle geltende Gründe, sich für Nachwuchs zu entscheiden, gibt es schlicht nicht. Auch gegen Kinder übrigens nicht. Im einen wie im anderen Fall gibt es nur subjektive Überlegungen: Wie gestalte ich mein Leben? Welcher Lebensstil passt zu mir? Was trägt zu meinem Wohlbefinden bei? Und das ist im einen Fall eben der Nachwuchs – und im anderen der bewusste Verzicht auf ihn. Und weil es so ist, wird es uns nirgendwohin führen, liebe Bekinderte und Kinderlose, wenn wir einander vom jeweils gegenteiligen Konzept überzeugen wollen.

Konzepte wie „richtig" oder „falsch", „natürlich" oder „widernatürlich" sind einfach nicht angebracht. Es gibt jede Menge individueller Gründe, sich für oder gegen Familienvermehrung zu entscheiden. Und die können besser oder schlechter sein.

Mutterschaft und Kinderlosigkeit: Gute Gründe, schlechte Gründe

Eine spannende Studie amerikanischer Psychologen aus 1992 ging in Hunderten Interviews der Frage nach, warum Mütter Kinder haben – und kinderlose Frauen keine. Als häufigste Argumente für die Fortpflanzung wurden genannt: Man wolle Kinder, um auch diese Erfahrung zu machen, weil es so befriedigend sei, Kinder großzuziehen; weil der Name und das genetische Erbe erhalten werden sollen; wegen der gesellschaftlichen Anerkennung der Elternschaft; weil man durch die Herausforderung lernen könne; wegen der Verantwortung, für das Wohlbefinden anderer zu sorgen; oder wegen der moralischen Verpflichtung der Gesellschaft gegenüber. Als wichtigste Gründe für Kinderlosigkeit zählten die Interviewpartner der US-Forscher auf: Kinderlosigkeit lasse mehr Zeit mit dem Partner und für andere Interessen sowie mehr Möglichkeiten und Freiheit; man habe auch mehr Zeit, sich um andere Kinder zu kümmern, in der Familie, bei Freunden oder in sozialen Einrichtungen; Karriere und Kinder seien nicht vereinbar; das Geld würde nicht reichen; man habe Sorge vor der großen Verantwortung; es gebe ohnehin schon Überbevölkerung;

man bestehe auf Wahlfreiheit, statt Kinder als gesellschaftliche Verpflichtung zu sehen; und die Unumkehrbarkeit der Entscheidung mahne zur Vorsicht.

Wer könnte sich anmaßen, in dieser Vielfalt von Gründen und Motiven, sich für die eine oder andere Lebensform zu entscheiden, zu bewerten, was davon gute und was schlechte Gründe sind?

Problematisch und wenig geglückt können Entscheidungen für – aber auch gegen – den Kinderwunsch aus meiner Sicht allerdings schon sein, und zwar vor allem in zwei Zusammenhängen: Wenn Kinder dafür herhalten sollen, ein Problem in der Beziehung zu lösen. Und wenn die Entscheidung, egal ob für oder gegen Nachwuchs, nicht aus eigener Überzeugung, sondern jemandem anderen zuliebe getroffen wird.

Kinder als Beziehungskitt

Kinder sind kein Spielzeug. Sie sind kein Eigentum. Es ist kein besonders bewundernswertes Motiv für Mutterschaft, Kinder für die eigenen Zwecke in die Welt zu setzen. Heute finden wir es empörend, dass man früher einmal, vor allem auf dem Land – oder in manchen Weltgegenden heute noch – Kinder auch in die Welt gesetzt hat oder in die Welt setzt, um zusätzliche Arbeitskräfte in der Familie zu haben. Andere Funktionen, die den kleinen Menschen zugemutet werden, scheinen weniger Empörung hervorzurufen: Zum Beispiel die vorrangige Aufgabe, eine aus dem Tritt geratene Beziehung wieder zu kitten. Dabei: Abgesehen davon, dass solche Überlegungen nicht fair dem instrumentalisierten Nachwuchs gegenüber sind, geht das Konzept auch selten auf.

„Unsere Beziehung begann zu bröckeln. Auch wenn ich später verstanden habe, dass es dafür viele Gründe gab, habe ich es sofort auf die Tatsache zurückgeführt, dass wir keine Kinder hatten", erinnert sich die Krankenhausmanagerin Andrea Kdolsky an weniger erfreuliche Phasen in ihrer Biografie: „Plötzlich bekam das, was ich mir vorher gar nicht so dringend gewünscht hatte, eine unheimliche Dimension. Ein Kind erschien plötzlich als Chance, die Beziehung zu retten. Das war falsch, wie ich heute weiß, aber damals habe ich es so gesehen. Ich wäre bereit gewesen, alles zu tun, um diesen Zustand zu verändern."

Wenn frau ein Kind vorrangig deshalb in Erwägung zieht, um Probleme zu lösen oder zu überlagern, die es in der Partnerschaft gibt, dann ist das keine allzu viel versprechende Grundlage. Denn in Wirklichkeit ist es oft ganz anders: Während sich häufig zeigt, dass Kindersegen als Beziehungskitt offenbar wenig geeignet ist, überstehen hingegen viele Beziehungen die Kinderlosigkeit sehr gut. Viele Untersuchungen weisen darauf hin, dass die Instabilität von Beziehungen mit Kindern eher steigt als abnimmt – besonders dramatisch dann, wenn der Kinderwunsch der beiden Partner unterschiedlich ausgeprägt war.

Wenn Paare sich nicht einig sind

Nicht nur dem Partner zuliebe Kinder zu kriegen, die man eigentlich nicht wollte, kann zur gefährlichen Falle werden, sondern auch, dem anderen zuliebe einen existierenden Kinderwunsch abzuschreiben.

In Paarbeziehungen ist bekanntlich die Frage, ob denn überhaupt je und wenn ja wann der richtige Zeitpunkt gekommen ist, die Beziehung um gemeinsamen Nachwuchs zu erweitern, nicht immer ganz einfach zu beantworten. Auch wenn die Beziehung sonst rundum stimmt: Beim Thema Kinderwunsch können höchst unterschiedliche Konzepte, Hoffnungen, Erwartungen und Lebenseinstellungen aufeinander prallen. Auch wenn die Frage „Kinder oder nicht" häufig schon in einer frühen Phase der Beziehung angesprochen wird, ist sie damit noch lange nicht vom Tisch. Aus vielen Gründen: Denn manchmal sind die Beteiligten gerade im hochsensiblen Anfangsstadium des Zusammenseins nicht immer ganz aufrichtig, weil sie das junge Glück nicht durch Kontroversen aufs Spiel setzen wollen oder weil es einfach noch keine Aktualität hat.

In anderen Fällen mag es ja durchaus ernst gemeint gewesen sein, was zu Beginn der Partnerschaft besprochen wurde. Aber im Lauf des Beziehungslebens ändern sich eben gelegentlich die Einstellungen zum Kinderwunsch. Das ist eine Erfahrung, die viele Frauen machen. Manche Frauen, die zu Beginn einer Beziehung unbedingt ein Kind wollten, kommen unter dem Eindruck der weiteren Entwicklung zum Ergebnis, dass es nicht passt – und umgekehrt. Was die Erfahrung auch zeigt: Wer in dieser Frage Kompromisse macht, hat schlechte Karten für das Beziehungsglück.

Wie auch immer sich die Einstellung von zwei Partnern zum Thema gemeinsame Kinder gestalten und entwickeln mag: Klar ist, dass es hier gilt, mit besonderer Sorgfalt, Sensibilität und gegenseitigem Verständnis ans Werk zu gehen. Denn wird die Entscheidung für oder gegen Nachwuchs nicht von beiden potenziellen Eltern ernsthaft mitgetragen, dann wird das früher oder später zu Spannungen und gegenseitigen Vorwürfen führen.

Wenn die Ablehnung des oder der einen und ein massiver Kinderwunsch des oder der anderen einander im Weg stehen und nicht vereinbar sind, dann sollte eine Konsequenz gezogen und auch eine Trennung erwogen werden – auch wenn das schmerzlich sein mag. Besser ein Ende mit Schrecken als ein Schrecken ohne Ende in der Form wechselseitiger Vorwürfe in Permanenz.

Populäre Überzeugungsversuche – und gute Antworten darauf

Als Frauen, die nicht nur still entscheiden, sondern auch noch artikulieren, dass sie bewusst und freiwillig keine Kinder haben wollen, sind wir mit vielen gut gemeinten Tipps und weniger gut gemeinten Angriffen konfrontiert. Alle haben im Wesentlichen eines gemeinsam: Sie sollen uns doch noch von der Wichtigkeit eigenen Nachwuchses überzeugen, auch wenn wir überhaupt kein Bedürfnis danach verspüren.

Hier eine kleine Übersicht über besonders populäre Überredungsversuche – und ein paar Ideen, was frau darauf antworten könnte. Falls Sie es nicht ohnehin vorziehen, in solchen Fällen auf dem Absatz kehrt zu machen und Ihren Gesprächspartner einfach stehen lassen.

Emotionen und Tränendrüse

„Aber es ist doch so traurig ohne Kinder. Das Leben ist leer und ohne Erfüllung." Tut uns leid, in diesem Punkt alle Besorgten enttäuschen zu müssen: Die meisten kinderlosen Frauen haben jede Menge Erfüllung. Denn um diese im Leben zu finden, braucht jede etwas anderes, manche Kinder, manche nicht.

„Ist es nicht grausam, einem Partner, der sich Kinder wünscht, Nachwuchs vorzuenthalten?" Nein, ist es nicht: Jede und jeder hat das Recht, sich einen Menschen für die Zweisamkeit zu suchen, mit dem oder der er oder sie gemeinsam den gewünschten Lebensstil verwirklichen kann – mit oder ohne Anhang. Kinder eignen sich nicht für faule Beziehungskompromisse.

„Jetzt willst du vielleicht kein Kind. Aber wenn es einmal da ist, würdest du es sicher mögen." Netter Versuch, aber ich halte diesen argumentativen Ansatz eher dann für geeignet, wenn man jemanden zum Beispiel überreden will, doch endlich einmal Fisch oder Pilze zu probieren. In Bezug auf ein Kind erscheint ein solcher Versuch doch etwas riskant: Was, wenn es doch nicht so sein sollte? Zurück ins Babygeschäft?

Denk doch positiv ...

„Du denkst nur an die anstrengenden Seiten. Wenn du nur ausreichend positiv denken würdest, würdest du ein Kind wollen". Ein ziemlich perfides Argument – wer will schon eine negative Persönlichkeit sein? Mein Rat für eine passende Reaktion: Nehmen Sie Ihren Gesprächspartner und gehen Sie mit ihm kurz vor acht Uhr morgens vor eine Volksschule. Und lassen Sie ihn dann selbst beurteilen, wie viel positives Denken gehetzte, verdrossene Mütter mit verschlafenen, renitenten Sprösslingen im Schlepptau ausstrahlen.

Späte Reue

„Die Uhr tickt. Irgendwann wirst du es bereuen, und dann ist es zu spät." Drehen Sie das Argument einfach um: Um wie viel schlimmer wäre es, ein Kind zu haben und diese Entscheidung später zu bereuen? Das lässt sich nun wirklich schwer wieder rückgängig machen – oder versuchen Sie doch einmal, einen aufsässigen Teenager in der Babyklappe zu deponieren.

Und was ist mit den Frauen, die ein Kind haben, und später, nachdem die berühmte Uhr ausgetickt hat, bereuen, nicht zwei davon zu haben?

Schade um die Talente

„Du wärst eine so tolle Mutter. Wie kannst du nur diese Fähigkeiten brach liegen lassen?" Schon möglich. Aber die Einschätzung anderer ist ein schlechter Ratgeber für wichtige Lebensstilentscheidungen. Schließlich müssen diese hilfreichen anderen auch nicht die lebenslangen Konsequenzen ausbaden. Ich verlasse mich da lieber auf mein eigenes Gespür. Wer weiß, vielleicht wäre ich auch eine tolle Hirnchirurgin oder Atomphysikerin oder Schauspielerin? Es gibt viele Möglichkeiten, Fähigkeiten einzusetzen. Und sei es die Fähigkeit, dass Kinder auf mich anspringen: Es müssen ja nicht die eigenen sein.

Nachwuchs als Beziehungsrettung

„Kinder können eine schwierige Beziehung zusammenhalten." Eine ziemlich problematische und überfordernde Rolle für kleine Wesen. Abgesehen davon, dass das Prinzip „Kind als Kitt" in den wenigsten Fällen funktioniert. Läuft etwas mit der Beziehung grundlegend schief, kommt früher oder später die Trennung – Kinder schieben sie vielleicht nur eine Zeit lang hinaus, allerdings um den Preis, dass sie riskieren, Bürgerkrieg in den eigenen vier Wänden erleben zu müssen.

Wer soll das alles erben?

„Schließlich wollen wir, dass das Haus (oder das Geschäft, die Firma etc.) in der Familie bleibt."

Viele Menschen hätten diese Sorgen gern. Glücklich, wer genug ansammelt, um überhaupt einmal etwas vererben zu können. Aber ganz abgesehen davon: Wer sagt, dass ausgerechnet der eigene Nachwuchs in der Lage sein wird, mit den Besitztümern vernünftig umzugehen? Oder dass er es überhaupt verdient? Hand aufs Herz, wollen Sie mit einem jungen Menschen zusammenleben, der – ob er oder sie Sie nun liebt oder nicht – immer auch ein wenig auf den Tag spekuliert, an dem Sie das Zeitliche segnen?

Sollten, wenn es denn einmal so weit ist, irgendwelche relevanten Besitztümer von mir zu verteilen sein – abgesehen von meiner beachtlichen Krimisammlung, für die ich schon einige Kandidaten wüsste –, werde ich nach den dann aktuellen Umständen entscheiden, wo sie am besten aufgehoben sind: Bei meinen Nichten und Neffen, meinen Stiefsöhnen, dem Integrationshaus oder dem Tierschutzverein.

Von der Mutter Natur

„Es ist einfach natürlich, Kinder zu wollen und sie auch zu haben." Sollte denn Mutter Natur, die Evolution, Gott, die Göttinnen oder sonst eine höhere planende Instanz so etwas vorgesehen haben – was schon Anlass zu gewissen Zweifeln gibt –, hat er oder sie es leider nicht wirklich gut durchdacht. Denn offenbar scheint sich der natürliche Drang immer wieder darauf zu beschränken, Kinder zu „machen". Wie sonst wäre die beunruhigend große Zahl von Familienangehörigen missbrauchter oder misshandelter Kinder zu erklären?

Den Großeltern zuliebe

„Wir wünschen uns so sehr ein Enkelkind."

Schon mangels ausreichender Kinderbetreuungseinrichtungen in Österreich und Deutschland suchen Tausende Mütter, die arbeiten wollen, Tagesmütter und Leihopas. Das wäre eine einschlägige, hilfreiche und erfüllende Betätigung für Eltern kinderloser Frauen, die gerne großelterliche Gefühle ausleben möchten. Oder sie machen es wie meine Mutter – sie kümmert sich neben ihren eigenen Enkelkindern, die sie meinen Schwestern zu verdanken hat, auch noch liebevoll um Flüchtlingsfamilien mit kleinen Kindern. Für aktive verhinderte Omas und Opas gibt es also genug zu tun.

Es fehlen die Reife und der Ernst

„Kinderlose verweigern, reif und erwachsen zu werden."

Keine einzige Studie zeigt irgendeinen signifikanten Unterschied zwischen der mentalen Entwicklung von Kinderlosen und von Eltern. Alltagsempirisch könnte man übrigens eher zum gegenteiligen Ergebnis kommen, wenn man nur lange genug einer Runde von Erwachsenen zuhört, die sich konsequent mit einem noch nicht artikulationsfähigen Zwerg in Babysprache unterhalten. Dududu …

Die Sängerin und Eventmanagerin Birgit Sarata im Gespräch

Die gebürtige Wienerin studierte Gesang und Klavier, schon mit 18 Jahren wurde sie in Salzburg als erste Sängerin in Oper und Operette engagiert. Gleichzeitig absolvierte sie zahlreiche Auftritte in Linz, bei den Bregenzer Festspielen und an verschiedenen deutschen Bühnen. Ab 1977 war sie am Grazer Opernhaus und an der Wiener Volksoper tätig. Weitere Karrierestationen: Mehr als 200 Orchesterkonzerte in den USA und große Konzerttourneen nach Japan, Lateinamerika und Kanada sowie Wiener Abende auf Luxusschiffen. Seit 2002 gestaltet Birgit Sarata Programme für Großevents, darunter etwa den Sylvesterabend am Wiener Rathausplatz oder den Wiener Seniorentag.

Birgit Kofler: *Was ist der Grund, dass Sie keine eigenen Kinder haben?*
Birgit Sarata: Ich bin Perfektionistin. Was ich mache, möchte ich immer zu hundert Prozent gut machen. Es ist einfach nicht möglich, reisende Sängerin zu sein und eine gute Mutter. Ich war in 30 Operhäusern unter Vertrag, habe unzählige andere Dinge gemacht. Da hätte ein Kind bedeutet, dass Vollzeit-Kinderfrauen sich darum kümmern. Und das wollte ich nicht. Fix angestellte Künstlerinnen können das vielleicht besser hinkriegen, aber wenn man ständig unterwegs ist, ist das schwieriger. Aber der zentrale

Punkt ist wohl, ob man wirklich einen Kinderwunsch hat. Wenn eine Frau unbedingt ein Kind will, dann macht sie das auch, egal ob das schwierig ist mit der Karriere oder nicht. Ich hingegen hatte den Wunsch einfach nicht. Und eine Überlegung war wohl auch, dass ich nie erpressbar sein wollte. Und für ein Kind hätte ich wohl alles getan, mir vieles bieten lassen, auch in Beziehungen. Jedenfalls habe ich die Entscheidung nie eine Sekunde bereut.

B.K.: *Apropos Beziehungen: Wie wichtig sind Kinder für eine Beziehung?*
B.S.: Viele Frauen glauben, dass ein Kind eine Beziehung stabilisieren könnte, wenn es nicht so gut läuft. Das ist ein großer Irrtum. Als Beziehungskitt sind Kinder denkbar ungeeignet. Wahrscheinlich sogar im Gegenteil – man kümmert sich dann zwangsläufig noch weniger umeinander als Paar, weil das Kind so im Mittelpunkt steht. Da kann die Beziehung nicht besser werden.

B.K.: *Sind kinderlose Frauen im Alter einsamer?*
B.S.: Unsinn, die Frage der Einsamkeit hat mit Kindern nun wirklich nichts zu tun. Kinder können ins Ausland gehen, Kinder können sich aus vielen Gründen nicht um ihre alten Eltern kümmern. Wer im Alter nicht allein sein will, muss seine Freundschaften pflegen, die bleiben auf jeden Fall. Und diese Einstellung hat noch eine Tücke: Wenn man sich so auf Kinder als Sozialkontakte fixiert, dann kommen zwangsläufig der Frust, wenn sie sich selbstständig machen und weggehen, und die Vorwürfe. Das ist keine gute Basis für eine entspannte Beziehung zwischen erwachsenen Kindern und alten Eltern.

B.K.: *Viele argumentieren, ohne Kinder fehlt einem der Anschluss an die Jungen, man bekommt nicht mit, wie die denken und leben. Wie sehen Sie das?*

B.S.: Das ist doch keine biologische Frage, den Anschluss kann man auch anders haben. Ich habe viele Freunde, die deutlich jünger sind als ich. Und ich kenne viele Jugendliche, die würden nicht mit ihren Eltern ausgehen wollen, aber mit mir schon.

B.K.: *Haben Sie Erfahrungen mit Stiefkindern gemacht?*
B.S.: Ja, ich hatte einen Mann, dessen Tochter war erst drei, als wir zusammengekommen sind. Die war dann auch viel und gerne bei uns, am Wochenende und im Urlaub. Ich habe auf sie sehr viel Rücksicht genommen, aber das war natürlich auch relativ einfach, wenn es sich auf so kurze Perioden beschränkt. Eigentlich ist das keine unangenehme Rolle: Man hat eine intensive Beziehung zu einem Kind oder Heranwachsenden, ist die ältere Freundin, gewissermaßen, hat aber nicht die alltägliche Verantwortung und es spießt sich nicht mit der Karriere.

B.K.: *Gibt es in Ihrem Bekanntenkreis viele Mütter?*
B.S.: Die meisten meiner engen Freundinnen sind auch kinderlos. Und ich habe auch keine Freundin, die nicht berufstätig ist oder war. Das spielt vor allem eine Rolle, wenn die Kinder klein sind: Mütter haben andere Interessen, andere Gesprächsthemen, und für viele Dinge keine Zeit mehr.

B.K.: *Haben Ihre jeweiligen Partner eine Rolle in der Überlegung zum Thema Nachwuchs gespielt?*
B.S.: Nicht wirklich, da ich ja nie einen Kinderwunsch verspürt habe. Ich war immer mit Männern verheiratet, die mehr als 20 Jahre älter waren als ich. Ich schließe nicht aus, dass sich das Thema mit einem jüngeren Partner vielleicht nochmal anders dargestellt hätte. Aber wahrscheinlich war es kein Zufall, dass das nie so war. Gleichaltrige oder jüngere Männer haben mich eigentlich auch nie interessiert, als Partner.

B.K.: *Wie wichtig sind Ihrer Einschätzung nach das Umfeld, die Lebensbedingungen, die Frage der Kinderbetreuung, für die Entscheidung einer Frau in Richtung Kinder?*
B.S.: Ich bin davon überzeugt, dass Frauen, die unbedingt ein Kind wollen, auch eines kriegen – unabhängig davon, ob im Umfeld alles passt oder nicht. Sonst ist der Wunsch eben nicht da oder nicht stark genug.

B.K.: *Haben wir also nicht alle ein Muttergen?*
B.S.: Unsinn, es hat ja auch nicht jeder Mann ein natürliches Vatergefühl. Früher konnten es sich die Frauen nur leider nicht aussuchen, es war also keine Frage der natürlichen Bestimmung, sondern der Entscheidungsspielräume. Künstlerinnen hatten zum Beispiel früher ihre Kinder oft heimlich, häufig schon deshalb, weil sie unehelich waren. Hätten die die Wahl gehabt, hätten viele von ihnen wahrscheinlich liebend gern auf Nachwuchs verzichtet. Heute können wir zum Glück selbst darüber entscheiden.

B.K.: *Also hat es sich für die Frauen eindeutig zum Besseren entwickelt?*
B.S.: Nicht nur. Was früher der soziale Zwang zur Mutterschaft war, hat sich heute zu einem regelrechten Zwang zur Doppel- und Mehrfachbelastung entwickelt. Von den modernen Frauen wird erwartet, dass sie alles hinkriegen – Kinder, Karriere, Erfolg. Und das hat mit Selbstverwirklichung auch nichts zu tun, denn das ist oft eine unendliche Überforderung, wo etwas auf der Strecke bleibt.

B.K.: *Wie sehr hat Sie die Frage, ob Kinder oder keine, in verschiedenen Phasen Ihres Lebens beschäftigt?*
B.S.: So gut wie gar nicht. Ich habe weder ständig darüber nachgedacht noch mit meinen Partnern Diskussionen darüber geführt. Es war einfach kein Thema für mich. Wenn man ein sehr ausgefülltes Leben hat, wie ich das hat-

te und habe, spielt das Thema offenbar weniger eine Rolle. Vielleicht ist das dann im späteren Frauenleben mit der Menopause noch mal so. Je ausgefüllter und beschäftigter man ist, desto weniger denkt man daran und desto weniger Probleme macht es. Aber wahrscheinlich kommt es schon auch auf die gesellschaftlichen Kreise und den kulturellen Kontext an, in denen man sich bewegt. Im Künstlermilieu wird man natürlich auch von anderen nicht ständig mit dieser Mutterfrage konfrontiert.

B.K.: *Zuletzt gab es immer wieder Debatten, in Österreich und Deutschland, dass Kinderlose zum Beispiel weniger Pension bekommen sollen als Menschen mit Kindern. Wie sehen Sie das?*

B.S.: Es hat schon seine Berechtigung, Familien mit Kindern auch durch die öffentliche Hand zu unterstützen. Aber diese Aufrechnung, du hast keine Kinder, also hast du nichts zum Pensionssystem beigetragen, ist natürlich Unsinn. Was tut man denn dann mit Menschen, die zwei Kinder haben, aber aus denen werden Sozialhilfeempfänger und keine Beitragszahler? Bekommen die dann auch weniger Rente? Das zeigt schon, dass man das nicht so individuell lösen kann. Aber natürlich muss man sich was überlegen, für die Finanzierung der Pensionssysteme – aber das müssen kreativere Lösungen sein, als einfach bei den Kinderlosen anzusetzen.

Anders Leben: Gute Gründe für die Kinderfreiheit

Die Entscheidung von Frauen, ihr Leben lieber ohne eigenen Nachwuchs zu verbringen, hat viele verschiedene und einander auch bedingende Ursachen. Eine ist zweifellos das veränderte Rollenverständnis von Frauen, das trotz aller Gegenreformationsversuche Feminismus und Emanzipationsbewegung nachhaltig etabliert haben. Eigenständigkeit, Unabhängigkeit und vor allem Wahlfreiheit sind Errungenschaften, von denen wir Frauen großzügig Gebrauch machen. Wenn wir nicht mehr müssen, nehmen sich viele von uns die Freiheit, es auch nicht mehr zu tun: Kinder kriegen nämlich.

Die rasanten ökonomischen, politischen und gesellschaftlichen Veränderungen der vergangenen Jahrzehnte haben Frauen endlich diese größeren Entscheidungs- und Gestaltungsspielräume gebracht – nicht nur die Pille, wie manche meinen. Nicht mehr die Mutterschaft ist ihre einzige Option, um es zu Ansehen zu bringen. Und das nutzen sie – so wie sie in der Geschichte noch jede Chance genutzt haben, die sich ihnen geboten hat.

Komplexe Entscheidungsprozesse

Immer wieder gibt es in der Literatur und der Forschung Versuche, klar abgegrenzte Typologien und Kategorien von

151

kinderlosen Frauen zu entwickeln: Frühentscheiderinnen zum Beispiel, Spätentscheiderinnen oder Aufschieberinnen. Oder „medizinisch" und „sozial verursacht" Sterile, wie es die Autorin Susanne Mayer nennt.

„Wir wissen aus Umfragen, dass es schon so etwas wie bestimmte Typen von kinderlosen Frauen gibt", sagt die Meinungsforscherin Roswitha Hasslinger. „Solche, die es ungewollt sind. Solche, bei denen es sich nie ausgegangen ist, obwohl sie eigentlich schon einen Kinderwunsch hatten, zum Beispiel weil kein geeigneter Partner oder keine ausreichende finanzielle Absicherung vorhanden war. Und natürlich auch solche, für die Kinderlosigkeit eine sehr bewusste Entscheidung ist."

Interessant für eine grobmaschige Orientierung sind derartige Typologien allemal. Den Frauen und ihren individuellen Lebens-(ver-)läufen können sie aber natürlich nicht gerecht werden. Und die Gründe und Motive für Kinderlosigkeit sind auch nicht statisch: Der Kinderwunsch ist im Laufe eines Lebens aus vielen Gründen vielen Schwankungen ausgesetzt. Allerdings: Ebenso wenig, wie sich Mütter ununterbrochen fragen, ob sie nicht vielleicht doch hätten kinderlos bleiben sollen, fragen sich Kinderlose ständig, ob ihre Entscheidung richtig war.

Ich selbst habe mir im Laufe meines Erwachsenenlebens die Kinderfrage genau drei Mal ernsthaft gestellt: Einmal in meinen frühen Zwanzigern und knapp vor meiner Übersiedelung ins Ausland, als ich kurz den irritierenden Verdacht hatte, schwanger zu sein. Ein zweites Mal, als ich mich mit meinem Second-Hand-Mann zusammentat, der aus einer ersten Ehe schon zwei Kinder hatte, was mich kurze Zeit in die Überlegung trieb, dass hier vielleicht ein Ungleichgewicht zu beseitigen wäre. Und ein drittes Mal kurz vor meinem 40. Geburtstag, ein Datum, das – Kitsch hin oder her – zu Überlegungen über das Leben anregt. Und immer war die reiflich überlegte Antwort: Nein, lieber kein

Baby an Bord. Aus verschiedenen Motiven in den verschiedenen Lebensabschnitten.

Mal so, mal so

Die wenigsten Frauen stellen sich nur einmal die Frage, ob sie nun Mutter werden wollen oder nicht. Sie gehen durch die unterschiedlichsten Phasen in dieser Frage, wie inzwischen gewollt Kinderlose berichten: „Ich lebe heute sehr stark für und mit meinem Beruf. Das hätte auch anders sein können", erzählt die gelernte Kunsthistorikerin Romana Schuler. „In meiner früheren Ehe, als ich noch in Italien gelebt habe, da wären in der Lebensplanung wahrscheinlich schon auch Kinder drin gewesen. Aber dann kam alles anders. Trennung, ein relativ spätes Studium, ich musste Geld verdienen, da hat sich dann die Kinderfrage eigentlich nicht mehr gestellt. Heute erlebe ich überhaupt kein Gefühl des Mangels deswegen."

Gut Ding braucht eben oft Weile – erst recht eine so tief greifende Entscheidung wie jene für eine bestimmte Lebensform mit all ihren Konsequenzen. Da geht es oft alles andere als geradlinig zu, und was einer Frau in Sachen Kinder mit 25 richtig erscheinen mag, sieht mit 35 oft ganz anders aus.

Aber eines scheint ganz offensichtlich: Frauen, die die Nachwuchsfrage lange und sorgfältig abwägen, sind am Ende rundum zufrieden mit ihrer Entscheidung.

Ein ähnlich positives Resümee zieht auch Andrea Kdolsky: „Ich bin ohne Kinder heute sehr glücklich. Ich hatte alle Phasen in meinem Leben. Solche, wo ich mir absolut nicht vorstellen konnte, Kinder zu haben, und solche, wo ich mir gar nicht vorstellen konnte, ohne Kinder glücklich zu sein", sagt die Managerin. „Heute kann ich mir gar keine bessere Lebenssituation mehr vorstellen als meine aktuelle. Ich habe meinen absoluten Traumjob, den ich mit Kindern nie hätte annehmen oder erreichen können. Ich habe eine phänomenale Partnerschaft, einen wunderbaren Freundeskreis – das ist doch eine sehr gute Bilanz."

Eine eigene Dynamik

„Ich habe mir nie ein Kind gewünscht, ich hab auch immer sehr aufgepasst, dass ich nicht schwanger werde", sagt die heute 60-jährige pensionierte Lehrerin Grete. „Ich habe mir vorgestellt, dass mein Leben völlig anders verlaufen müsste, wenn ich ein Kind bekomme. Und das wollte ich definitiv nicht."

Für viele Frauen lagen die Dinge bei weitem nicht so klar wie bei Grete. „Dass ich heute kinderlos bin, das war viel mehr ein Prozess, eine Dynamik, als eine bewusste Entscheidung", erinnert sich die Psychotherapeutin Veronika Holzknecht.

Allgemeinmedizinerin Monika Fuchs hat ebenfalls eher zugewartet als bewusst entscheiden: „Ich hatte nie so einen Moment, wo ich entschieden habe, ich werde keine Kinder haben. Aber gelegentlich, wenn das Thema überhaupt eine Rolle gespielt hat, hatte ich das Gefühl, ich bin nicht so weit, ich bin nicht – oder vielleicht noch nicht – bereit. Und das hat sich mit den Jahren nicht wirklich verändert."

Ähnlich hat Karin den Prozess der Entscheidung oder Nichtentscheidung erlebt: „Es war nie so, dass ich gesagt habe, ich will keine Familie und keine Kinder. Es hat sich einfach persönlich und beruflich dahingehend entwickelt", erzählt die Regionalmanagerin einer Partei. „Ich war in allen Jobs immer sehr engagiert, dann kam noch die politische Arbeit dazu. Zum Teil war und bin ich drei bis vier Abende in der Woche nicht zu Hause. Es hat sich also bei mir einfach so entwickelt. Ich mag Kinder wahnsinnig gern, es hat sich nur einfach nicht ergeben, dass ich eigene habe."

An eine gezielte, bewusste Entscheidung an einem bestimmten Punkt in ihrem Leben erinnert sich auch Kristel

Josel nicht: „Es hat sich einfach so ergeben. Ich hatte auch nie einen Partner, für den es besonders wichtig gewesen wäre, mit mir Kinder zu haben. Es war aber auch nie eine Frage der Alternative Karriere oder Kinder. Es war einfach so – und jetzt ist das Thema für mich endgültig abgeschlossen", erzählt die Kulturmanagerin. „Mit Ende 20, als rundherum alle Eltern wurden, habe ich es schon überlegt. Aber damals gab es keinen Partner, mit dem ich es mir hätte vorstellen können. Heute lebe ich mit meinem Mann, der wesentlich älter ist als ich. Das fände ich auch nicht ideal für ein Kind – es geht in die Volksschule und der Vater ist schon 60."

Auch bei der 46-jährigen Tina hat es sich einfach nicht ergeben, Mutter zu werden. Zunächst, weil sie sich nicht in jungen Jahren festlegen wollte: „Ich habe mich nie als junge Mutter gesehen. Für mich wäre es eine Katastrophe gewesen, wenn ich um die 20 schwanger geworden wäre. Da hätte ich immer das Gefühl gehabt, ich hätte etwas versäumt, und es wäre eine totale Einschränkung meiner Freiheit gewesen. Für mich war damals klar: Wenn ein Kind, dann erst ab Mitte 30", erzählt die Tirolerin. Mit dem 30. Geburtstag hat sich ihre Perspektive etwas verschoben. „Mein erster Lebensgefährte, der dann leider gestorben ist, und ich haben uns damals überlegt, ob wir grundsätzlich Kinder haben wollen oder nicht. Wir sind zum Schluss gekommen, dass wir Kinder haben wollen, aber jetzt noch nicht." Und die Zeit verging. Tina: „Wir haben sehr viele Reisen unternommen, auch häufig in Länder, in denen Malariaprophylaxe notwendig war. Danach sollte man sechs Monate lang nicht schwanger werden. Und dann stand schon die nächste Reise bevor. So sind die Jahre vergangen."

Gut Ding braucht Weile

Für die Künstlerin Silvia Grossmann, die neben ihrer eigenen kreativen Arbeit in Wien auch eine Galerie leitet, war die Entwicklung hin zur gewählten Kinderlosigkeit ein ausgedehnter Weg: „Ich brauche lange für die Dinge. Ich habe lange gebraucht, bis ich mich in die Kunst gewagt habe. Und ich habe lange gebraucht, um zu sehen, dass ich keine Kinder will. Das hat mir das Leben gezeigt", sagt sie. „Früher war es für mich eigentlich selbstverständlich, dass ich einmal ein Kind haben werde. Meine Mutter hatte drei Kinder, irgendwie gehörte es auch für mich zu meinem Frauenbild einfach dazu. Nach ein paar Beziehungen, in denen sich die Frage nicht wirklich gestellt hat, habe ich mit 29 einen Mann kennen gelernt, der eigentlich sehr kinderorientiert war. Aber für mich war das Leben zu diesem Zeitpunkt extrem ausgefüllt: Studieren, die Kunst, meine Suche nach einer Identität als Künstlerin. Und je länger ich Künstlerin war, umso mehr ist auch der Kinderwunsch verschwunden. Mit einer definitiven Entscheidung für die Kinderlosigkeit habe sie Mühe gehabt, erzählt Sylvia. „Irgendwann dachte ich dann, dass mein Kinderwunsch wohl zu wenig ausgeprägt sei."

Bei Petra Öllinger, Jahrgang 1969, stand die Entscheidung für die Kinderlosigkeit schon früher fest: „Das geht nicht so linear, sich für oder gegen Nachwuchs zu entscheiden, sondern immer in vielen Wellenbewegungen", berichtet die Autorin und Ernährungstrainerin. „Bei mir war auch nicht von Anfang an eine feste Überzeugung da, dass ich keine Kinder will." Zwei Dinge, sagt sie, hätten diese Entscheidung dann aber wesentlich beeinflusst: „Das waren einerseits Freundinnen, die sehr früh Kinder hatten, einen Mann, ein Haus, alles, was dazu gehört. Die waren damals so der Inbegriff von ‚die hat's geschafft'. Das hat sich bei vielen allerdings als sehr trügerisch erwiesen, und diese Frauen waren dann in ihrer Entwicklung total gehemmt", meint Petra. „Das andere waren meine Partnerschaften. Männer haben das Kinderthema immer wieder angesprochen. Das waren durchaus fortschrittliche und keine traditionellen Männer – und trotzdem sind sie dieser Romantik erlegen." Sie selbst allerdings nicht: „Mir war aber klar, ich müsste massiv zurückstecken. Ich habe nicht studiert, um Windeln zu wechseln. Ich weiß heute genau, dass ich andere Herausforderungen will."

Vermutete und tatsächliche Motive für Kinderlosigkeit

Eine Umfrage des österreichischen Market-Instituts ging im Februar 2005 nicht den Motiven der Kinderlosen selbst nach, sich gegen Nachwuchs zu entscheiden, sondern den Einstellungen einer repräsentativen Bevölkerungsstichprobe, warum Menschen ihrer Meinung nach auf Kinder verzichten.

Einen anderen Ansatz hatte eine Studie von „Perspektive Deutschland", in der die Befragten Gründe aufzählten, warum sie keine oder keine weiteren Kinder mehr wollen.

Hier die wichtigsten vermuteten und tatsächlichen Motive im Vergleich:

Market-Studie:
Vermutete Motive für Kinderlosigkeit

Der Arbeitsplatz immer weniger sicher:	44 Prozent
Frauen wollen Karriere machen:	40 Prozent
Man will sich materiell nicht einschränken:	32 Prozent
Das Einkommen reicht nicht:	25 Prozent
Das Angebot an Kinderbetreuung reicht nicht:	20 Prozent
Man möchte prinzipiell keine Kinder:	18 Prozent
Männer schrecken die Alimente im Fall einer Trennung ab:	16 Prozent
Die Erziehung ist überfordernd:	12 Prozent

Perspektive Deutschland Studie:
Tatsächliche Motive für Kinderlosigkeit

Kinder kosten viel/ich kann es mir nicht leisten:	63 Prozent
Ich will keine beruflichen Nachteile:	39 Prozent
Kinder haben in dieser Welt keine Zukunft:	36 Prozent
Es fehlt an Kinderbetreuungseinrichtungen:	34 Prozent
Meine Umgebung ist nicht kinderfreundlich:	23 Prozent
Es gibt gesundheitliche oder medizinische Gründe:	20 Prozent
Ich will nicht, dass andere mein Kind betreuen:	14 Prozent
Ein Kind würde unsere Partnerschaft belasten:	8 Prozent

Hallo, ich bin ein Mensch und keine Gebärmutter

Es gibt viele Gründe, sich mehr oder weniger bewusst gegen Kinder zu entscheiden, und oft sind sie ineinander verwoben. Ausbildung, Beruf und Vorstellungen von der Lebensgestaltung spielen dabei ebenso eine Rolle wie Zufälle, Partnerschaften oder Nicht-Partnerschaften und positive oder negative weibliche Vorbilder, die die Frauen in ihrer Jugend geprägt haben.

Einer der Gründe für ihre Entscheidung gegen Nachwuchs, so erzählen Frauen: Sie wollen als ganze Person ernst genommen werden – und nicht nur mit ihrer Fertilität: „Ich wollte nie auf meine angebliche biologische Funktion reduziert werden. Wir sind doch auch soziale Wesen", nennt die Psychotherapeutin und Sozialarbeiterin Veronika Holzknecht eine der Überlegungen, warum sie ohne Kind geblieben ist.

Ähnliches hat auch Andrea Bumharter beschäftigt: „Irgendwann habe ich begonnen, mich gegen den scheinbar vorgezeichneten Lebensweg aufzulehnen. Nicht so sehr wegen der Frage Kinder oder nicht Kinder, sondern wegen der vorgeschriebenen Rolle als Frau. Ich wollte für mein Hirn und nicht für meine Fruchtbarkeit ernst genommen werden. Mir war es immer extrem wichtig, für voll genommen zu werden. Und ich hatte oft das Gefühl, das müsste man mit dem Kinderkriegen abgeben", erinnert sich Andrea. „Meine Eltern haben sehr darauf geachtet, dass ich früh selbstständig bin. Da wollte ich keinen Schritt gehen, der mich dieser Unabhängigkeit beraubt."

Unabhängig und eigenständig sein will auch Eva Langthaler, die mit Anfang 30 als Business Unit Managerin in einem Pharmakonzern arbeitet. Dazu kommen bei ihr auch noch andere Überlegungen, die sie nicht gerade zum Nachwuchs drängen: „Ich finde die Vorstellung, meinen Körper teilen zu müssen, ziemlich schlimm. Ich will tun und lassen können, was ich will, ich will drei Espressi hintereinander trinken. Natürlich würde ich Rücksicht auf das Baby nehmen, wenn es in mir wäre. Aber dann käme ich mir vor wie eine bloße Hülle."

Flexibilität und Freiheit

38 Prozent der befragten Frauen nennen laut einer Studie des Ludwig-Boltzmann-Instituts für Frauengesundheitsforschung ihre persönliche Freiheit als Motive für keinen oder keinen weiteren Kinderwunsch – als am häufigsten genannten Grund von allen. Persönliche Autonomie, Flexibilität und Selbstbestimmtheit gehören offensichtlich zu den ganz zentralen Beweggründen, warum Frauen gerne auf Nachwuchs verzichten. Und zwar in jungen Jahren genauso wie später: „Wenn ich so mit 17 oder 18 Freundinnen beobachtet habe, die Kinder bekommen haben: Das war für mich ein Horror. Ich wollte zuerst was erleben, bevor ich

mich so einschränke", erinnert sich Romana Schuler, Kuratorin in einem Wiener Museum. Diese Begeisterung für Flexibilität und Freiheit hat bis heute angehalten, und sie gibt der Mittvierzigerin das Gefühl, eigentlich jünger zu sein: „Wenn ich Frauen, die ich noch aus meiner Kindheit kenne, heute mit ihren eigenen Kindern sehe, bin ich immer wieder erstaunt. Da habe ich wirklich das Gefühl, die sind mindestens zehn Jahre älter als ich."

Die Künstlerin Silvia Grossmann kann diesen Eindruck gut nachvollziehen: „Ich fühle mich mit 48 manchmal noch wie eine Jugendliche. Mein Leben ist in alle Richtungen offen, ich kann spontan vieles tun. Auch die Trennung von meinem langjährigen Partner, die alles andere als einfach für mich war, sehe ich in gewisser Weise inzwischen als ein Stück dieser Freiheit." Und die kostet Silvia auch in vollen Zügen aus und leistet sich ein Stück Abenteuer: „Die Unabhängigkeit erlaubt mir vieles, was andere in meinem Alter möglicherweise nicht tun können. Das genieße ich und gönne mir jetzt unter anderem auch endlich die Verwirklichung meines Traumes, eine Zeit lang nach New York zu gehen. Und das Beste und Verrückteste ist: Ich fahre mit dem Frachtschiff hin."

Zeit für mich

Besonders genießen es viele Frauen ohne Nachwuchs, dass ihnen Zeit für sich selbst bleibt – selbst wenn sie beruflich enorm eingespannt sind. „Ich wäre mit Kindern auch professionell nicht da, wo ich heute bin, weil ich nicht die Energie für all das gehabt hätte", meint Petra Öllinger. „Ich habe viel Zeit und erlebe es als Luxus, Spielräume zu haben und Selbstreflexion betreiben zu können. Ich kann meine Energie in andere Dinge investieren und kann tun und lassen, was ich will", kann die Psychologin, Ernährungstrainerin und Autorin ihrem selbst gewählten Lebensstil viel abgewinnen: „Ich muss nicht zu Elternsprechtagen und nicht nach Hause, um zu kochen. Ich muss nicht meinen ganzen Tag um andere herum organisieren und habe daher freie Energie für meine vielen Pläne und Projekte. Ich kann mir die Zeit, in der ich nichts tue, frei einteilen, und nicht danach, wann die Kinder versorgt sind."

Dieser sehr plastischen Zusammenfassung der vielen Vorteile, ohne Kinder zu leben, kann auch Roswitha Hasslinger viel abgewinnen: „Meine Freiheit wurde und ist zunehmend wichtiger. Ich reise unter anderem gerne und brauche diese Möglichkeit einfach, mich frei zu entscheiden, was ich mit meiner Freizeit anfange."

Ein Gefühl, das auch Andrea Bumharter gut kennt: „Ich genieße es zum Beispiel sehr, dass ich ohne Rücksicht auf irgendjemanden jeden Sommer ganz allein zwei Wochen nach Griechenland fahren kann. Diese erholsame Zeit ganz für mich liebe ich", schwärmt die Unternehmensberaterin. „Ich schätze Freiraum sehr, es tut extrem gut, solche ruhigen Phasen zu haben. Das ermöglicht mir Gestaltungsspielraum. Die Vorstellung, ein Kind ist da, und das hat das Recht, dass seine Mutter immer verfügbar ist, das hat etwas Beängstigendes. Ich bin sehr gern mit anderen Menschen, aber ich habe auch ein großes Autonomiebedürfnis. Mit Erwachsenen kann ich mir das regeln – mit Kindern nicht."

Ihren persönlichen Freiraum möchte auch Eva Langthaler nicht missen: „Auf Dauer wäre das schwierig für mich mit Kindern. Ich brauche sehr viel Zeit für mich selbst", sagt die 30-jährige Managerin. Dass sich angesichts der Tatsache, dass sie noch gut zehn Jahre Zeit für eine endgültige Entscheidung hat, an ihrem fehlenden Kinderwunsch noch etwas ändern könnte, glaubt Eva nicht: „Bis vor kurzem war das für mich auch nicht so klar, und ich hätte es, ohne einen akuten Kinderwunsch zu haben, für mich auch nicht ausgeschlossen. Vor nicht allzu langer Zeit, zufällig auf den Tag genau, haben meine Schwester und eine enge

Freundin ihr jeweils zweites Kind bekommen", erzählt sie von aktuellen Eindrücken. Da wurde mir plötzlich mit einem Schlag zum ersten Mal klar: Das will ich nicht. Ich habe gerne Kinder in meinem Umfeld, ich finde sie süß. Aber die Elefantenbabys in Schönbrunn sind ebenfalls putzig – und die will ich auch nicht zu mir nehmen."

Keine Rechenschaft

Entscheidungen ganz autonom treffen zu können gehört für Grete zu den ganz besonderen Vorzügen ihrer Kinderlosigkeit und ihres Singletums: „Ich kann mein Leben natürlich schwer mit dem einer Mutter vergleichen, weil ich einen anderen Lebensstil gar nicht wirklich kenne. Ich denke nur, dass man mit Kindern sehr vieles gut organisieren muss und sich mit dem Partner oder der Partnerin alles ausmachen muss. Bei mir ist es ganz anders: Ich kann morgen einfach wegfahren und alles hinter mir lassen. Ich bin niemandem Rechenschaft schuldig."

Genau diesen Aspekt ihrer Kinderlosigkeit genießt auch Karin: „Ich muss auf niemanden Rücksicht nehmen, ich kann das tun, was ich will. Ich leiste mir Dinge, die mir gefallen", fasst sie es zusammen. Ein solches Leben gewohnt zu sein, macht es allerdings auch nicht unbedingt einfacher für sie, einen Partner zu finden, räumt Karin ein: „Es geht um die eigene Persönlichkeit. Männer haben oft Probleme damit, wenn Frauen eigenständig sind, nicht von ihnen abhängig. Ich hab einen Job, ein gutes Einkommen und ich habe meine Anschauungen, die ich mir von niemandem mehr nehmen lasse. Derzeit ist für mich kein Lebenspartner in Sicht, viele Männer suchen entsetzt das Weite, weil sie halt doch eher ein liebes, anpassungsfähiges Frauchen suchen."

Nur mit dir:
Intensive Partnerschaften

Während nicht selten, schon wegen des hohen Unabhängigkeitsbedürfnisses der betreffenden Frauen, Kinder- und Partnerlosigkeit zusammentreffen, ist für andere Frauen gerade die Intensität und Qualität ihrer Partnerschaft mit ein Argument dafür, auf Nachwuchs zu verzichten.

Dabei müssen sie sich nicht nur auf ihr Gefühl verlassen, sondern können auf jede Menge wissenschaftliche Erkenntnisse zurückgreifen. Denn die Frage, in welcher Weise Kinder oder Kinderlosigkeit eine Beziehung beeinflussen, haben Forscher bereits intensiv untersucht. So gibt es etwa eine Reihe von Studien, die zeigen, dass Paare mit Kindern sich öfter streiten, weniger Sex haben und weniger Zärtlichkeiten austauschen als kinderlose Paare. Durchaus nachvollziehbar: Denn was an durchwachten Nächten, Pampers-Bergen und auf den Nachwuchs reduzierter Konversation aphrodisisch sein soll, ist mir jedenfalls bis jetzt verborgen geblieben.

Auch in Sachen Lebenszufriedenheit schneiden Partnerschaften ohne Nachwuchs gut ab. Eine Studie der Arizona State University, im Rahmen derer die Psychologin Mary Benin mit ihren Mitarbeitern 7000 Probanden befragt hat, kam zu einem für Kinderlose ähnlich erfreulichen Ergebnis: Die Paar-Zufriedenheit sinkt, wenn sich Sprösslinge einstellen. Kinderlose Paare sind so zufrieden wie Eltern vor dem ersten Kind – allerdings bleiben erstere stabil auf diesem Zufriedenheitsniveau, während es bei letzteren sinkt.

Andere Untersuchungen wiederum zeigen, dass kinderlose Partnerschaften, stärker als mit Kinder gesegnete, Lebensgemeinschaften von Menschen sind, die sich durch besonderen Individualismus und Freiheitsdrang auszeichnen. Was beim Durchforsten solcher Studien auch auffällt: Tendenziell streben Kinderlose stärker gleichberechtigte Beziehungsformen an als Eltern.

Andrea Kdolsky weiß um die besondere Qualität einer Zweierbeziehung ohne Kinder, auch ohne dass sie sich in wissenschaftliche Untersuchungen vertiefen muss: „Wir haben eine so tolle Partnerschaft. Wer weiß, ob die auch so wäre, wenn wir ein Kind hätten. Unsere Beziehung ging, nachdem wir den Kinderwunsch und die Versuche einer künstlichen Befruchtung gemeinsam abgehakt hatten, in eine völlig neue Phase ein. Wir konzentrierten uns auf unsere Wünsche und Interessen, die mit Kindern nicht möglich gewesen wären – zum Beispiel unsere Begeisterung für Reisen in alle Welt. Und heute bin ich sehr glücklich, so wie es ist. Mein Partner steht für mich absolut im Vordergrund. Ich fürchte, mit einem Kind würde er in den Hintergrund geraten. Ich habe das bei vielen Paaren erlebt, vor allem wenn sie spät noch Kinder hatten: Alles ist plötzlich anders, und viele Beziehungen sind darüber auch zerbrochen."

Ich kümmere mich: Offenheit und Zeit für andere

Es gibt sie immer noch, die traditionell gestrickten Familiensoziologen, die verwandtschaftlichen Beziehungen eine größere Tragfähigkeit zuschreiben wollen als den selbst gewählten Beziehungen. Und in ihrem Kielwasser sind immer noch viele Menschen davon überzeugt, kinderlosen Frauen würde die Geborgenheit, die eine Familie traditionellen Zuschnitts bietet, vermissen.

Dagegen spricht allerdings eine ganze Menge. Und zwar nicht nur die Einsicht, die uns Heimito von Doderer in seinem Familienroman „Die Strudlhofstiege" mitgegeben hat: „Wer sich in Familie begibt, kommt darin um." So drastisch muss man es gar nicht sehen, um zum Ergebnis zu kommen, dass auch Familienleben nicht nur Harmonie, Geborgenheit und Zufriedenheit bedeutet.

„Es heißt immer, Familienbeziehungen seien so relevant. Es gibt viele Menschen, denen ihre engsten Freunde viel wichtiger sind als ihre Brüder oder Schwestern", brachte es die Publizistin Katharina Rutschky in einem Interview mit dem *Deutschen Allgemeinen Sonntagsblatt* auf den Punkt: „Und es gibt viele Menschen, die Liebe brauchen, nicht nur die Kinder, die man selbst geboren hat."

Befriedigende Sozialkontakte und Geborgenheit sind nicht notwendigerweise in der Kernfamilie allein zu Hause. So leben auch kinderlose Frauen mit vielfältigen Netzen: Sie haben Freunde, pflegen intensiv ihre Kontakte, kümmern sich um anderer Leute Kinder. Oder aber auch um Kollegen, wie die Künstlerin und Galeristin Silvia Grossmann: „Manchmal finde ich es ein bisschen schade, keine Kinder zu haben. Denn ich kümmere mich sehr gerne um andere", gesteht sie. „Aber da habe ich einen guten Weg gefunden: Um andere Menschen kümmere ich mich heute in meiner Galerie."

Kinderlose sind kein bisschen mehr sozial isoliert als Mütter – vorausgesetzt, sie kümmern sich um ihre sozialen Netze. Und das tun viele von ihnen besonders aktiv und genießen es, dass ihnen ihr gewählter Lebensstil die Zeit und Energie dafür lässt.

„Meine Fürsorglichkeit ist in meiner erweiterten Familie und in meinem Freundeskreis gut aufgehoben", sagt etwa Roswitha Hasslinger. „Ich kann mir die Zeit dafür nehmen und schaue sehr darauf, dass es den Menschen rund um mich gut geht." Sie habe immer viel in Freundschaften investiert, erzählt sie: „Harmonie ist eine wichtige Sache. Und muss man für sich selbst definieren, wie und in welchem Kontext man sie am besten leben kann."

Roswitha tut mit ihrer Einstellung auch ihrer Gesundheit etwas Gutes. Denn ein Netzwerk von guten Freunden trägt mehr zu einem langen Leben bei als Familienkontakte. Das zumindest ist das Kernergebnis einer Studie der Feinders

University in Adelaide mit mehr als 1500 über 70-Jährigen. Gute Sozialkontakte scheinen lebensverlängernd zu wirken, so die australischen Forscher, während der Kontakt mit Kindern oder anderen Familienmitgliedern hier keine signifikante Rolle zu spielen scheint.

Kein Spagat: Berufliche Entfaltung

Superfrauen und Übermütter, die im Beruf kein bisschen zurückstecken, Top-Jobs hervorragend managen und sich gleichzeitig auch liebevoll um den Nachwuchs kümmern: Das scheint eine der modernen Vorgaben an ein Frauenleben zu sein. Allerdings bleiben viele Frauen beim Versuch, diesen Spagat hinzukriegen, auf der Strecke.

Daher verwundert es auch wenig, wenn sich gar nicht wenige von ihnen dagegen wehren, in einer Doppelmühle von beruflichem und privatem Stress gefangen zu sein. Und dazu zu stehen, dass es angenehmer ist, sich zumindest an einer Front die Belastungen zu ersparen.

Das zeigt auch das IFES-Frauenbarometer 2005, das im Auftrag der Wiener Frauenstadträtin Sonja Wehsely erstellt wurde: Nur ein Viertel der Frauen mit Kindern bis zu zwei Jahren geht überhaupt einer Beschäftigung nach. Nur drei von zehn Frauen mit Kindern, egal welchen Alters, sind vollzeitbeschäftigt. Nach dieser Umfrage sind übrigens die Wienerinnen – wohl auch aus Erfahrung – sehr verständnisvoll in der Frage, warum Frauen sich den Spagat nicht antun wollen: 78 Prozent finden, dass eine verheiratete Frau, die lieber im Beruf weiterkommen möchte und keine Kinder haben will, kein schlechtes Gewissen haben muss.

Das ist auch realistisch: Denn Frauen, die den Spagat zwischen Nachwuchs und Beruf versuchen, kommen über ein bescheidenes Karriereniveau nur selten hinaus. Ist eine Frau unter 45 und kinderlos, hat der deutsche Mikrozensus 2004 gezeigt, schafft sie es inzwischen sogar häufiger in Führungsjobs als ein kinderloser Mann. Wird ein Kind geboren, endet allerdings der Karrierevorsprung. Jeder vierte Vater ist in einer leitenden Funktion tätig, aber nur jede zehnte Mutter.

„Im Künstlermanagement muss man viel reisen. Ich kenne keine selbstständige Kollegin, die es mit Kindern weit gebracht hätte in diesem Job", bestätigt Kristel Josel die Statistik aus eigener Anschauung. „Die meisten meiner Freundinnen ohne Kinder haben tolle Karrieren gemacht, bei den Müttern ist so etwas eher die Ausnahme."

Eines ist schon anstrengend genug

Wobei Frauen, die sich die Doppelbelastung von Familie und Beruf nicht antun wollen, das keineswegs unter dem Aspekt des Verzichts sehen. „Mein Beruf wäre natürlich auch möglich gewesen, wenn ich Kinder gehabt hätte", sagt Grete. „Wenn man unterrichtet, ist man in der Hinsicht durchaus privilegiert, da ist das immer drinnen. Aber ich wollte auch die Welt sehen, und ohne Kinder habe ich es immer leicht gehabt, mich für irgendeinen Job im Ausland zu bewerben. Das wäre mit Kindern sicher nicht möglich gewesen."

Frauen, die sich lieber auf ihren Beruf konzentrieren als Kinder zu kriegen, verzichten damit auf jede Menge Zusatzstress, aber nicht auf Glück und Erfüllung. Das zeigte unter anderem auch die Studie „Generation Woman", die das Marktforschungsinstitut rheingold 2005 im Auftrag der deutschen Frauenzeitschrift *Woman* erstellte. Befragt wurden dafür Frauen von 25 bis 35 Jahren. Wenn Frauen sich für die berufliche Verwirklichung entscheiden, so die Ergebnisse dieser Untersuchung, so bedeutet das meist, zumindest temporär, auch eine Entscheidung gegen die Mutterschaft. Als Opfer erleben die Frauen das aber nicht, im Gegenteil: Ihr Lebensgefühl zeichnet sich durch einen hohen Grad an Zufriedenheit aus, berichtet *Woman*: „Sie setzen auf die persönliche Entwicklung in den Bereichen berufliche Karriere, Hobbys, Freunde, Kultur, Reisen, soziales Engagement etc., woraus sie große persönliche Befriedigung und starkes Selbstbewusstsein beziehen."

Ein Gefühl, das auch Silvia Grossmann bestätigen kann: „Kunst fordert dich einfach ganz. Und bei mir gibt es da die doppelte Herausforderung: Meine eigene Kunst und die Galerie. Das alles wäre mit einem Kind so sicher nicht möglich gewesen. Ich habe da ein extrem hohes Pflichtbewusstsein: Wenn ein Kind, dann wäre es an erster Stelle gekommen. Ich hätte dann vielleicht mit schlechtem Gewissen ein bisschen Kunst gemacht, aber nie in dem Maß, wie ich es jetzt tue", sagt sie. „Das würde ich wohl als Manko erleben. Denn was ich tue, erfüllt mich enorm. Die Galerie bringt diesen sozialen Aspekt, den ich unbedingt brauche, viele Menschen um mich und Austausch. Und die Kunst, das ist meine Begabung und mein Drang."

Kreative Kinderlosigkeit

In der Welt der Kunst und Kreativität scheint Kinderlosigkeit ganz besonders weit verbreitet zu sein. Bildende Künstlerinnen haben, so rechnete deren österreichische Interessenvertretung vor, eine Fertilitätsrate von 0,49 Kindern pro Frau, also eine weit unter der durchschnittlichen.

Woran das liegen könnte, erklärt die Museumskuratorin Romana Schuler so: „Ich fand das immer schon interessant, dass in Künstlerkreisen viele Menschen keine Kinder haben. Viele berühmte Kulturschaffende waren kinderlos, Männer wie Frauen. Das hat sicher auch, neben dem unsteten Leben, damit zu tun, dass sie eben andere Dinge in die Welt setzen, nämlich ihre Werke."

Eine Analyse, die auch die Bildhauerin und Objektkünstlerin Silvia Grossmann unterstützen kann: „Kreativität ist auch ein Prozess, mit dem man etwas Neues in die Welt setzt. Meine Objekte sind meine Kinder. Und wenn ich sie verkaufe, gebe ich etwas von mir weg."

Dafür hab ich nicht studiert

Dass Frauen ihre Begabungen und ihre Qualifikation auch ausleben und verwerten wollen, ist nur allzu verständlich. Und noch nie waren die Frauen besser ausgebildet als heute: 42 Prozent der Frauen in Deutschland haben die Hochschulreife, an den österreichischen Universitäten stellen sie heute schon mehr als die Hälfte der Studierenden.

Da liegt es nahe, dass sie von dieser Bildungsinvestition auch profitieren wollen. Und es ist verständlich, dass sie keinen Grund sehen, sich selbst zu überfordern. „Jeder Mensch hat eben nur ein gewisses Maß an Energie", bringt es Roswitha Hasslinger auf den Punkt. „Und ich habe eben sehr viel Energie in den Auf- und Ausbau unserer Institutskette gelegt."

Auch Romana Schuler schätzt ihre Ressourcen nüchtern ein: „Ich hätte mit einem Kind sicher nur die Hälfte von dem geschafft, was ich jetzt mache – oder ich wäre total fertig. Ich muss im Job zeitlich sehr flexibel sein, mit einem Kind könnte ich viel davon vergessen", sagt sie ganz ohne Bedauern. „Ich kenne aber auch keinen Mann, der beruflich erfolgreich und Alleinerzieher ist."

Unabhängig von Versorgern

Ein anderes Motiv, das viele kinderlose Frauen nennen, wenn sie über die Gründe für ihre Entscheidung gegen Nachwuchs befragt werden, ist die große Bedeutung, die Selbstständigkeit und Unabhängigkeit für sie haben.

„Meine wichtigste Priorität als junge Frau war es, aus dem ländlich-bäuerlichen Milieu herauszuwachsen, eine Ausbildung zu machen, die mir das Weggehen und Vorankommen ermöglicht. Ich wollte nicht einen Mann, der mich da herausholt", erinnert sich Veronika Holzknecht, Mittfünfzigerin, Psychotherapeutin und Sozialarbeiterin. „Mein wichtigstes Ziel war immer Unabhängigkeit im Denken und Handeln. Und das wird dann ein Selbstläufer: Da geht viel Kraft in diese Unabhängigkeit und in die Bemühung, sich beruflich zu etablieren. Je besser das geklappt hat, desto weniger war auch Familie ein Thema."

Die Mutter vor Augen

Gar nicht so selten waren es ihre eigenen Mütter, die selbst noch sehr konventionell lebten, die kinderlose Frauen zu dieser Sichtweise ermutigt haben. „Meine Mutter hat mich nicht zu einem Hausmütterchen erzogen, sie hat mir gezeigt, dass andere Dinge genauso wichtig sind. Vor allem hat sie sehr viel Wert darauf gelegt, dass Frauen selbstständig und finanziell unabhängig von Männern sein sollten", erzählt die 46-jährige Tina.

Auch ohne ihr aktives Zutun kann in diesem Zusammenhang eine Mutter den fehlenden Kinderwunsch ihrer Tochter durchaus beeinflussen. „Meine Mutter hat sehr spät Kinder bekommen, mein Vater ist früh gestorben", erzählt Grete. „Sie hat nie den Eindruck gemacht, als wäre sie eine glückliche Mutter, sie war eher eine Pflichtmutter. Ich hab das so empfunden, und das hat mich sicher beeinflusst. Meine Schwester dürfte unsere Mutter allerdings anders erlebt haben – sie hat vier Kinder."

Das ist nicht ungewöhnlich. Auch in anderen Familien ziehen Geschwister ganz unterschiedliche Schlüsse aus der Beobachtung der Mutter. „Meine Schwestern haben alle Kinder, ich nicht. Also haben wir möglicherweise unterschiedliche Konsequenzen aus unserer eigenen Kindheit und unserem Familienleben gezogen", sagt Eva Langthaler. „Ich jedenfalls wollte das Leben meiner Mutter nicht wiederholen – vier Kinder, immer zu wenig Geld. Das hat mich sicher geprägt, vor allem auch, was mein Bedürfnis nach finanzieller Unabhängigkeit betrifft."

Mit diesem Anliegen steht sie keineswegs allein da: Vor allem in einer Zeit, in der bald die Hälfte aller Ehen ein Ablaufdatum haben und irgendwann vor dem Scheidungsrichter landen, ist ökonomische Unabhängigkeit für viele Frauen ein ganz besonders wichtiges Thema. „Mit dem Einkommen während der Kinderkarenz könnte ich nicht einmal die Miete meiner derzeitigen Wohnung zahlen. Eine solche Abhängigkeit fände ich furchtbar", ist Eva Langthaler sich heute sicher, dass sie keinen Nachwuchs will. „Hätte ich einen Partner, der unbedingt ein Kind mit mir möchte, würde ich das Thema vielleicht noch einmal neu überlegen. Aber auch da würde ich meine Ängste und Sorgen sehr klar machen. Und wenn er dann gute Argumente oder Lösungen dafür hätte, wäre ich gesprächsbereit. Aber das kann ich mir eigentlich nicht vorstellen, dass jemand meine Sorgen, vor allem hinsichtlich der Abhängigkeit, ausräumen könnte."

Scheiden tut weniger weh

Dass die Chancen, jedenfalls statistisch gesehen, ein Leben lang ein Ehepaar zu bleiben, nicht gerade gut stehen, kann auch in anderer Hinsicht gegen Nachwuchs sprechen. „Als ich mich von meinem ersten Mann getrennt habe, war ich sehr froh, keine Kinder zu haben. Ich habe in dieser Phase auch bei vielen Freunden Trennungen und Scheidungen miterlebt, und die mit Kindern waren um vieles dramatischer", sagt die Krankenhausmanagerin Andrea Kdolsky. „Ohne Kinder kannst du viel leichter einen echten Schlussstrich ziehen. Und der Wiedereinstieg in das gesellschaftliche Leben als Single ist natürlich auch viel leichter ohne Kinder. Du kannst dich dann wirklich wieder deinem Leben widmen. Und es ist auch viel leichter, wieder eine neue

Partnerschaft einzugehen – wer etwas anderes behauptet, lügt einfach."

Kinder sollten Sie kriegen ...

So viel Informationen über Motive für die Kinderlosigkeit – da ist es doch endlich an der Zeit, auch einmal wirklich gute Gründe für Kinder zusammenzufassen.

Also: Kinder sollten Sie unbedingt kriegen:
... wenn Ihnen persönliche Freiräume gar nicht wichtig sind
... wenn es Sie viel zu wenig fordert, nur für sich selbst verantwortlich zu sein
... wenn Sie nach guten Gründen suchen, sich von Ihrem ungeliebten Partner doch nicht zu trennen
... wenn guter Sex für Ihr Leben gar nicht so wichtig ist
... wenn Sie sich gerne damit beschäftigen, dass simples Ausgehen zur organisatorischen Herausforderung wird
... wenn Sie unbedingt in der teuersten Reisezeit Urlaub machen wollen
... wenn Sie es genießen, auf der Fahrt in den teuren Urlaub ab Kilometer 10 zu hören: „Sind wir schon da?"
... wenn Sie masochistisch genug sind, den demütigenden Rückfall in den Umgang mit Lehrern auszukosten, die man früher schon nicht ausgehalten hat, aber zu denen man nett sein muss, damit sie sich nicht am Sprössling rächen
... wenn Sie finden, dass der Mensch ohnehin viel zu viel Zeit mit Schlafen verbringt
... wenn Sie wollen, dass jeder Euro, den Sie verdienen, nur mehr 25 Cent wert ist
... wenn Sie ohnehin keinen Wert auf unbemalte Wände und schokoladenfreie Sofas legen
... wenn Sie schon alle Bücher gelesen haben, die Sie interessieren

... wenn Sie lernen wollen, wie man aus einem leeren Eierkarton, einer Schere und ein paar Farbstiften ein Krokodil macht

... wenn Sie immer schon wissen wollten, wie es sich anfühlt, mumifizierte Schokokekse aus den Autositzen zu entfernen

... wenn es Sie wirklich interessiert, wie die einzelnen Teletubbies heißen

... wenn Sie Geburtstagsfeiern bei McDonalds lieben

... wenn Sie gerne liebevoll kochen und sich dann am liebsten anhören: „Mag ich nicht."

Kinder sind trotzdem etwas Wundervolles. Aber es müssen ja nicht meine eigenen sein.

Die Moderatorin Jenny Pippal im Gespräch

Die Wienerin Jenny Pippal begann 1965 im ORF zu arbeiten, anfangs in der Sportredaktion. Von 1975 bis 2000 war sie Programmmoderatorin im Fernsehen und wurde mit dem Publikumspreis Romy als beliebteste Fernseh-Ansagerin ausgezeichnet. 1987 bis 2002 Moderatorin der Lottoziehungen, moderiert sie seither die Reihe „Bilderbuch Österreich", zahlreiche Veranstaltungen und macht Lesungen, u.a. für Karl-Heinz Böhms „Menschen für Menschen".

Birgit Kofler: *Haben Sie je das Gefühl gehabt, sich für Ihre Kinderlosigkeit rechtfertigen zu müssen?*
Jenny Pippal: Nein, in meinem Umfeld und meinem Freundeskreis gab es so eine Art von Druck zum Glück nie.

B.K.: *Wie ist es gekommen, dass Sie sich für ein Leben ohne Kinder entschieden haben?*
J.P.: Ich passe da sicher in kein Schema und keine Typologie. Es war nie so, dass ich eines Tages beschlossen hätte: Ich will keine Kinder. Ich habe sofort nach der Matura begonnen beim ORF zu arbeiten – zuerst in der Sportredaktion, dann, nach einer Sprechausbildung, bin ich auch in Moderationsjobs hineingewachsen. Das hat mir alles unendlich viel Spaß gemacht, und da war überhaupt kein Platz für Gedanken an Kinder.

B.K.: *Gab es denn irgendwann einen Kinderwunsch?*
J.P.: Nein, das hatte ich nie. Ich bin sehr stark ein Augenblicksmensch, lebe im Jetzt und setze mich mit den Situationen auseinander, vor denen ich stehe. Und in denen kam das Thema nie vor. Ich fühle mich sehr wohl so, wie mein Leben verlaufen ist.

B.K.: *Haben wir nicht alle irgendwo ein Muttergen verborgen?*
J.P.: Nein, sicher nicht. Es gibt im Leben keine Strickmuster. Ich habe zum Beispiel erst mit 49 geheiratet, weil es da eben gepasst hat. Vorher war das für mich kein Thema. Und mit dem angeblich natürlichen Kinderwunsch, der jeder Frau innewohnen soll, kann ich gar nichts anfangen.

B.K.: *Viele Menschen meinen, man riskiert im Alter einsam zu sein, wenn man keine Kinder hat. Stellen Sie sich diese Frage manchmal?*
J.P.: Versorgung im Alter – das kann doch nicht ernsthaft ein Motiv dafür sein, Kinder haben zu wollen. Ein guter Freundeskreis ist die wirklich sinnvolle Altersvorsorge. Freunde machen das Leben lustig, da kann man schöne Dinge tun. Ich stelle es mir grauenhaft vor, alt zu sein, und darauf zu warten, dass die Kinder einmal vorbeikommen. Das wäre auch eine sehr egoistische Art der Kinderliebe, für die ich überhaupt kein Verständnis habe.

B.K.: *Wäre Ihre Karriere mit einer Familie überhaupt vereinbar gewesen?*
J.P.: Kaum. In diesem Beruf ist es schon schwierig genug, Zeit für eine Partnerschaft zu haben, weil man ja sehr oft am Abend oder an Wochenenden arbeitet. Mit Kindern ist das schon gar nicht vereinbar. Aber ich hatte nie das Gefühl, mich für das eine oder andere entscheiden zu müssen. Ich habe einfach gemacht, was mir Freude gemacht hat.

176

Und ich hatte auch nie einen Partner, der eine solche Entscheidung von mir verlangt hätte.

B.K.: *Aber viele Powerfrauen, nicht zuletzt im Medienbetrieb, leben uns doch immer wieder vor, dass es geht, Kind und Karriere zu vereinbaren. Oder ist das etwa mehr Schein als Sein?*

J.P.: Da bin ich skeptisch, und da muss man auch hinter die Fassade schauen. Bei den Vorzeigemüttern, die auch erfolgreich im Beruf sind, stehen meistens viele gut organisierte Helferlein im Hintergrund. Die echte Powerfrau, die ich bewundere, ist die Kassiererin im Supermarkt, die Kinder großzieht und keinen solchen Hintergrund hat. Ich finde es auch nicht gut, dass Frauen solche unerreichbaren Idealbilder in den Medien vorgegaukelt bekommen.

B.K.: *Wie war als ganz junge Frau Ihre Vorstellung von Ihrem Lebensweg?*

J.P.: Ich wollte immer mein eigenes Geld und meine Unabhängigkeit. Erfolgreiche, tüchtige Frauen haben mir immer sehr imponiert. Keine spezielle als Vorbild, aber als Typus.

B.K.: *Haben Sie Kontakt zu Kindern?*

J.P.: Ja, eine ganze Menge. Unter anderem mit meinem Patenkind Julius, dem Sohn meiner Freundin Kammersängerin Ildikó Raimondi, der jetzt acht ist. Da freue ich mich immer schon, wenn wir uns zu seinen Geburtstagen und anderen Anlässen sehen.

B.K.: *Wie sieht es mit Ihrem Freundeskreis aus. Sind das auch vor allem Kinderlose?*

J.P.: Der ist bunt gemischt. Also, sicher würde ich keine Leute aushalten, die ausschließlich über Kinder, Schule und Haushalt reden, da bin ich keine geduldige Gesprächspartnerin. Aber in meinem Freundeskreis ist das zum Glück anders. Da gibt es mehr als genug interessante Themen, mit denen man sich beschäftigt.

B.K.: *Können Sie sich vorstellen, dass Sie diese Lebensentscheidung noch einmal bereuen?*
J.P.: Ich hatte immer die Möglichkeit, mir mein Leben einzurichten, wie es mir Spaß gemacht hat. Da gibt es nichts zu bereuen. Ich stelle es mir zwar dramatisch vor, bei anderen, wenn sie später draufkommen, dass ihnen was fehlt. Aber da kann man eigentlich nur raten, den Hader zu vergessen, weil man irreversible Entscheidungen eben nicht ändern kann.

B.K.: *Sie strahlen Zufriedenheit und Ausgeglichenheit aus. Ihnen fehlt also nichts?*
J.P.: Unter anderem, weil ich es immer so gehalten habe, niemanden in meine Lebensplanung intervenieren zu lassen. Das Gefühl aus dem eigenen Bauch ist ein sehr guter Ratgeber, da weiß man meistens, was einem gut tut. Und wenn sich einmal etwas als falsch herausgestellt hat, dann habe ich es einfach abgehakt, wozu darüber nachdenken? Ich bin glücklich, ich habe eine sehr große Liebe mit meinem Mann Willy Kralik erlebt, ich habe wunderbare Zeiten als Single erlebt, immer war ich eingebettet in einen sehr lieben Freundeskreis, und ich habe einen Traumberuf.

B.K.: *Was sind für Sie die besonderen Vorzüge Ihres Lebens ohne Kinder?*
J.P.: Ich habe Zeit, kann viel unternehmen, kann spontan mit meinen Freundinnen verreisen. Genau so will ich leben – Fesseln habe ich noch nie vertragen. Ich bin froh, mein soziales Netzwerk immer gepflegt zu haben, als Single genauso wie in Partnerschaft. Das ist enorm wichtig für das Lebensglück.

Anderer Leute Kinder

Kinderlose Frauen pflegen ihre Beziehungsnetze häufig besonders intensiv, unter anderem auch, weil sie möglicherweise mehr Zeit und Energie dafür haben als Mütter. Deshalb sind oft auch wichtige Unterstützerinnen und Bezugspersonen in ihrem sozialen Umfeld: Unter anderem als Tante, ältere Freundin oder Stiefmutter.

„Eltern werden selten einsam", schreibt die Psychologin Christine Carl, die mehrere Bücher über Kinderlose publiziert hat. „Kinder sind die Verbindung zur jüngeren Generation; man hat das Gefühl, an der Weiterentwicklung der Welt teilzuhaben, weil die Perspektive der Jüngeren transparent bleibt."

Unsinn, sagen viele Kinderlose aus eigener Erfahrung. Denn die Möglichkeit zu solchen Kontakten hat keinerlei biologische Voraussetzungen. Ein generationsübergreifender Austausch ist nicht notwendigerweise in der Kernfamilie allein zu Hause. „Ich habe sehr viele Kontakte zu jungen Leuten. Viele junge Künstler kommen zu mir und suchen Rat und Unterstützung", sagt Museumskuratorin Romana Schuler. „Diesen ständigen Draht mit einer anderen Generation finde ich sehr schön und erfüllend. Ganz ohne Zweifel erhält er auch jung."

Selbst keine Kinder geboren zu haben bedeutet also keineswegs, dass damit der Kontakt zur Jugend fehlt. Denn auch über andere Wege kann er sehr intensiv sein. „Wir hatten eine kinderlose Großtante, die oft auf uns aufgepasst hat", erinnert sich Kristel Josel. „Die war immer total auf dem Laufenden, hat Bravo gelesen, um sich auszukennen und genug Gesprächsstoff mit uns zu haben."

Die Künstlerin Silvia Grossmann kann Kontakten mit dem Nachwuchs anderer Menschen viel abgewinnen: „Familie muss nicht biologisch sein. Ich kümmere mich gern um Heranwachsende, ich habe auch früher viel Jugendarbeit gemacht. Ich glaube sehr an gewählte, an energetische Verwandtschaften, die sind oft viel enger und wichtiger als die genetischen."

Alles eigentlich ganz logisch: Kinder verschwinden ja nicht aus dem Leben einer Frau, nur weil sie sich gegen eigenen Nachwuchs entscheidet. Sie kommen trotzdem daher – in Form von Nichten, Neffen und allerlei Wahlverwandten.

Kinder muss man nicht mögen, aber man kann

Dem Klischee, dass sie keine eigenen Kinder haben, weil sie Kinder ganz generell nicht mögen und möglicherweise sogar regelrechte Kinderhasserinnen sind, wollen zumindest die Frauen, die ich interviewt habe, so gar nicht gerecht werden.

Die Kinder anderer Leute mögen sie durchaus – wenn auch mit gewissen Einschränkungen. „Ich freue mich immer sehr, wenn ich meinen Neffen sehe, ich habe ihn wirklich gern", beschreibt die Kulturmanagerin Kristel Josel das Verhältnis zum Sprössling ihrer Schwester. „Aber das heißt noch lange nicht, dass ich ihn ständig um mich haben will." Deshalb habe sie bei ihrer Schwester und ihren Freundinnen auch immer klargestellt, dass sie nicht als Babysitterin zur Verfügung steht. „Hier rede ich nicht über Notfälle, dann springe ich natürlich ein", sagt Kristel. „Aber über das systematische Heranziehen von Kinderlosen für derartige Dienste, weil sie ja angeblich so viel Zeit haben. Dafür habe ich mich nicht für diesen Lebensstil entschieden. Außerdem weiß ich auch gar nicht so richtig, wie man mit einem Kleinkind umgeht."

Auch Roswitha Hasslinger kann mit Kindern mehr anfangen, wenn sie schon den Windeln entwachsen sind: „Ich hatte dieses Bedürfnis nie besonders, mich um Babys zu kümmern", sagt die Meinungsforscherin. „Kinder in meinem Freundeskreis haben eine große Affinität zu mir, vor allem wenn sie älter sind. Die schätzen unter anderem, dass ich anders bin als ihre Mütter."

„Ich bin durchaus offen, mich um anderer Leute Kinder zu kümmern", sagt auch Silvia Grossmann. „Aber am liebsten ist es mir, wenn sie schon größer sind. Babysitten wollte ich nie."

Ähnlich geht es der pensionierten Lehrerin Grete: „Mit Kindern kann ich vor allem was anfangen, wenn sie schon größer sind. Mit Jugendlichen ab 17, 18 kann ich sehr gut kommunizieren. Da hilft auch meine Erfahrung: Ich war unter anderem Lehrerin an einer AHS und später in Vorstudienlehrgängen, wo ich mit vielen ausländischen Studierenden zu tun hatte, die sich auf das Studium bei uns vorbereitet haben."

Selektive Kinderliebe

Das Recht, ihre Zuneigung zu Kindern durchaus selektiv zu leben, wollen sich viele kinderlose Frauen nehmen. „Heute ziehe ich Halbfertigprodukte eindeutig eigenem Nachwuchs vor – als Tante, als ältere Freundin, als Patin. So erlebe ich vom Kleinkind bis zum Pubertierenden alles mit, muss mir aber über den Alltag keine Gedanken machen. Aber die netten Dinge, die kann ich mit ihnen tun", sagt Andrea Bumharter. Eines allerdings ärgert die Unternehmensberaterin: „Männer dürfen es sagen, wenn Kinder sie nerven. Frauen sind gleich unbiologische Monster, wenn sie dasselbe tun. Wenn eine Frau sich gegenüber unerzogenen Landplagen abgrenzt, dann gilt sie sofort als kinderfeindlich."

Sie ist nicht die einzige Frau ohne eigenen Nachwuchs, die Sprösslinge anderer Menschen durchaus differenziert sieht. „Nachdem die schwierige Phase im Zusammenhang mit meinem eigenen Kinderwunsch vorbei war und ich heute glücklich ohne Nachwuchs bin, habe ich einen sehr natürlichen, stressfreien Zugang zum Thema. Und ich habe einen guten Draht zu den Kindern in unserem Freundeskreis. Da gibt es Kinder aller Altersstufen", erzählt Andrea Kdolsky. „Ich bin eine leidenschaftliche Tante und Ruftante. Das aber schon auch, weil ich weiß, dass ich die lieben Kleinen irgendwann wieder zurückgeben kann. Denn bei längerem Kontakt kann mein Nervenkostüm schon einmal überreizt werden", sagt die Managerin. „Ich bin eine große Kinderfreundin, aber ich stehe auch dazu, dass ich ein gehöriges kritisches Potenzial haben kann, wenn Kinder in unangenehmer Weise in mein Leben intervenieren. Wenn ich einen Abend in einem Nobellokal genießen will, wenn ich im Flugzeug nach New York sitze, dann kann mir ein schreiendes Kind schon einiges vermiesen."

Wir sind keine Kinderhasser

Wie viele andere kinderlose Frauen bin auch ich absolut keine Kinderhasserin. Was nicht bedeutet, dass ich nicht im Einzelfall bestimmte Kinder nicht mag. Altkluge Gören zum Beispiel, mit denen man keinen Spaß haben kann, sondern alles ausdiskutieren muss – weil ihre aufgeklärten Eltern immer schon mit ihnen alles ausdiskutiert haben. Oder Kinder, deren Artikulation sich in erster Linie aufs Quieken und Schreien beschränkt.

Aber im Grunde mag ich sie. Wenn wir bei Freunden mit Kindern eingeladen sind, verschleppt mich deren Nachwuchs regelmäßig ins Kinderzimmer, um mir neueste Errungenschaften aus der Welt jugendlicher Freizeitbeschäftigungen zu zeigen. Ich spiele und scherze mit ihnen und finde sie durchaus lustig – so lange sie sich vernünftig benehmen, und vor allem, so lange sie nicht meine eigenen sind. Denn Kinder kann man mögen, aber man muss nicht. Kinder kann man sogar besonders reizend finden, aber sie trotzdem nicht selbst haben wollen.

Ich liebe ALK

Viele kinderlose Frauen sind gar nicht besonders ambivalent, wenn es um anderer Leute Kinder – kurz ALK – geht. Sondern kümmern sich mit absoluter Begeisterung und Hingabe um sie.

„Ich mag Kinder sehr. Ein Leben ohne Beziehungen zu Kindern und Jugendlichen kann ich mir gar nicht vorstellen", erzählt zum Beispiel Veronika Holzknecht. „Deshalb habe ich auch einen sehr engen Kontakt zu den Kindern meiner Schwestern und vieler meiner Freunde. Und ich habe auch das Gefühl, einen besonders guten Zugang zu ihnen zu haben. Es ist spannend, wie sie die Welt sehen, wie sich die nächste Generation entwickelt", sagt die gelernte Sozialarbeiterin und Psychotherapeutin. Kinderlose sind tatsächlich oft tolle Tanten und Wahltanten – und erfahren in dieser Rolle gelegentlich sogar mehr als Mütter darüber, was die Kids wirklich bewegt.

„Ich liebe Kinder. Es ist auch völliger Unsinn, wenn immer wieder behauptet wird, kinderlose Frauen seien kinderfeindlich", outet sich auch Eva Langthaler als Kinderbegeisterte. „Ich finde Kinder toll, sie sind schon ganze kleine Menschen, aber noch nicht hinterhältig. Und ich finde auch Menschen großartig, die sich für Kinder entscheiden, auch wenn es nicht mein Weg ist." Mütter unterstützt die Pharma-Managerin deshalb auch: „In meinem Freundeskreis gibt es viele Kinder, und das ist absolut kein Problem. Ich kümmere mich häufig um sie und biete meinen Freundinnen Unterstützung an. Das muss man eben, wenn die Bedingungen nicht perfekt sind."

Wie gut, dass es die Tante gibt

Auffällig viele Tanten, die von Kids wohl der Kategorie „cool" oder „Lieblings-Tante" zugeordnet werden, sind selbst kinderlos. Unter anderem vielleicht deshalb, weil sie neben großzügigen Geschenken auch eine etwas andere Art von Erwachsensein ins Kinderleben bringen. Sie geben ihren Nichten, Neffen und Patenkindern mitunter Ratschläge, die sich von denen der Mütter doch deutlich unterscheiden. Und in den klar abgegrenzten Tanten-Zeiten widmen sie den Kleinen ihre volle Aufmerksamkeit.

Ich liebe nicht nur meine Nichten und meine Neffen heiß, sondern habe auch mit den Kindern von Freunden engen Kontakt. Mit der inzwischen 13-jährigen Tochter einer meiner Freundinnen habe ich zum Beispiel ein kleines Ritual: Gelegentlich fahren wir beide zum Damen-Weekend in unser Landhaus, und dort dreht sich dann alles um die Kleine: Wir kochen ihre Lieblingsspeisen, wir drehen einander die Haare zu Locken, wir lackieren uns die Fingernägel grün. Schon klar, so etwas ist kein alltagstaugliches Dauerprogramm. Aber genau das macht es so nett.

„Ich bin eine ganz andere Frau als ihre Mütter, und das mögen die Kids sehr. Die Tante, die noch verrückt genug ist für alles Mögliche, das ist schon ein anderes Modell", fühlt sich Veronika Holzknecht wohl in ihrer Rolle als tolle Tante. „An vertrauten kinderlosen Frauen können sie lernen, dass es auch etwas außerhalb der traditionellen bürgerlichen Normen gibt. Wir kinderlosen Tanten sind ein wenig exotisch, leben anders als die Eltern und erweitern damit die Erfahrungswelt der Sprösslinge."

Manchmal hatten kinderlose Frauen in ihrer eigenen Jugend selbst schon solche Vorbilder vom Typus tolle Tante:

„Ich hatte eine Großtante, die eine sehr ungewöhnliche Frau war. Sie war Bildhauerin, in den dreißiger Jahren hat sie in Afrika gelebt", erinnert sich die Künstlerin Silvia Grossmann. „Sie war in gewisser Weise sicher ein Idol für mich, eine positive weibliche Identifikationsfigur. Diese Tante hatte auch keine Kinder."

In ihrer Familie konnte Romana Schuler beide Modelle studieren, die traditionelle Mutterschaft und die Kinderlosigkeit: „Wir waren fünf Geschwister zu Hause. Meine Mutter war die ganz traditionelle Hausfrau und Mutter, wie das in ihrer Generation noch sehr üblich war", erzählt die Museumskuratorin. „Aber auch sie hat mir oft vermittelt, du wirst dir bei vielen Dingen leichter tun, wenn du keine Kinder hast. Und dann gab es da eine kinderlose Tante, die mich sehr beeinflusst und beeindruckt hat. Sie war enorm eigenständig, hat im Ausland gelebt. Sie war sehr schön, aber im Denken und Handeln fast männlich, wie es mir als ganz junges Mädchen erschien."

Patchwork-Familien und Teilzeit-Stiefmütter

Für viele Frauen stellt sich die Kinderfrage auch deshalb nicht, weil ihr Partner schon Kinder hat, um die er sich auch kümmert – und der damit zur Stiefmutter mutierten kinderlosen Frau diese Kontakte durchaus angenehm sind. Schließlich können Stiefkinder, vor allem Stiefkinder, die schon aus dem Gröbsten raus sind, oder Teilzeitstiefkinder ein ganz guter Weg sein, einen allenfalls doch schlummernden Mutterinstinkt zu befriedigen, ohne die Verpflichtungen und Verbindlichkeiten einer regulären Mutterschaft in Kauf nehmen zu müssen. Zum Beispiel eine Unterbrechung der Karriere oder eine radikale Umstellung des Alltags.

Trotz aller gelegentlichen Strapazen bin ich persönlich zum Beispiel sehr zufrieden mit unserem Deal. Die beiden

Söhne aus der ersten Ehe meines Mannes verbrachten von Beginn unserer Beziehung an mindestens jedes zweite Wochenende und die Ferien mit ihrem Vater – und damit auch mit mir als seiner neuen Frau. Neuerdings haben sie sich überhaupt entschlossen, ganz bei uns zu leben. Über die beiden Jungs bekomme ich so etwas wie herkömmliches Familienleben in kleinen Dosen mit und kann es durchaus auch genießen, mit ihnen etwas zu unternehmen, mit ihnen nächtens zu diskutieren oder mit ihnen durch Schularbeiten und Prüfungen zu zittern. Aber gleichzeitig habe ich wenig Verpflichtungen und sie haben meine berufliche Entwicklung absolut nicht beeinträchtigt.

„Patchworkfamilien sind für viele Frauen eine wunderbares alternatives Familienmodell", beobachtet Roswitha Hasslinger. „Da fällt der Druck weg, sich selbst reproduzieren zu müssen."

Eine andere Version von Patchwork als Kinder mitzuheiraten schwebt Eva Langthaler vor: „Was ich mir gut vorstellen könnte, ist Kinder zu adoptieren oder als Pflegekinder aufzunehmen. Und ihnen damit eine Chance zu geben, die sie anderswo nicht hätten, ihr Heranwachsen zu fördern – mit Unterstützung einer Kinderfrau", beschreibt sie ein originelles Szenario. „Wenn ich im Lotto gewinnen sollte, würde ich ein riesiges Haus kaufen, zehn benachteiligte Kinder aufnehmen und Angestellte haben, die sich um die alltägliche Versorgung kümmern. Da habe ich wohl die eher klassisch männliche Einstellung zu Kindern: fördern, unterstützen, aber den Alltagskram überlasse ich gern anderen und lebe mein Leben."

Zum Schluss:
Zurück zu den Hunden

Sie erinnern sich noch an Gretchen? Richtig, meine Freundin, die ich zu Beginn dieses Buchs vorgestellt habe. Und die gemeint hat, es sei eine gute Entscheidung von mir gewesen, für Hunde statt für Kinder zu optieren.

Wenn ich mir das jetzt, knapp 200 Seiten und mehrere Monate intensiver Auseinandersetzung mit der Kinderfrage später, noch einmal durch den Kopf gehen lasse, muss ich Gretchen wirklich Recht geben. Hunde haben tatsächlich eine Reihe von Vorteilen gegenüber dem eigenen Nachwuchs. Und das sage ich im vollen Bewusstsein, dass ich damit natürlich ganz gehörig ein beliebtes Vorurteil schüre: Wenn wir Kinderlosen Haustiere haben, wissen Bekinderte nämlich immer sofort warum: Die Vierbeiner, Fische oder Vögel sind eine, wenn auch ziemlich unzulängliche, Ersatzlösung, um den natürlichen Muttertrieb doch ausleben zu können. Zugegeben, ich kenne Leute, die nennen sich als Hundebesitzerin tatsächlich Mami und ähnliche Albernheiten mehr. Aber viele sind das nicht – und selbst wenn, stört es mich wenig. Was richten sie schon damit an, wenn sie die Katze bei sich im Bett schlafen lassen?

Aber zurück zum Vorurteil. Also, Haustiere als Kinderersatz. So habe ich meine Hunde noch nie gesehen. Ich hatte einfach als Kind schon Hunde, mag Tiere, und habe mich auf den Moment gefreut, zu dem es die Gestaltung meines

Beruflebens wieder zulassen würde, Hunde zu halten. Und ich gebe zu: Ich rede ganz gerne manchmal über die lustigen Streiche, die Hunde so spielen – obwohl ich ohnehin sehr vorsichtig bin, und es in erster Linie in der Gegenwart von Hundebesitzern tue. So auch bei einem Abendessen bei Freunden, wo ein Bekannter, der Fidel und Rosa kennt, nach ihnen fragte. Mein Besitzerinnenstolz ging mit mir durch, und ich setzte gerade an, Fidels Teilnahme an Dreharbeiten zu Kommissar Rex zu schildern, als mir eine junge Frau, die mir bis dahin nicht gerade durch besonders interessante Diskussionsbeiträge aufgefallen war, ins Wort fiel und gönnerhaft bemerkte: „Als wir unsere Tochter noch nicht hatten, habe ich auch oft von meiner Katze geredet. Heute weiß ich, wie langweilig das im Vergleich ist." Bevor sie sich dann über die Intelligenz ihrer Einjährigen verbreiten konnte, die bestimmt schon mindestens englische Romane liest, wechselte ich rasch den Sitzplatz.

Hunde statt Kinder

Aber zurück zu Gretchens These. Tatsächlich spricht einiges – vorausgesetzt man mag Hunde – dafür, sich eher für die treuen Vierbeiner als für Kinder zu entscheiden. Zum Beispiel plaudern sie nie peinliche Details aus deinem Privatleben aus, sagen dem Schaffner nicht lauthals, dass sie schon sieben sind, wenn du keine Fahrkarte für sie gelöst hast, und hören keine laute Musik. Ihre Handyrechnung hält sich in äußerst überschaubaren Grenzen, sie haben keine schlechten Noten und sind mit jedem noch so kleinen Geschenk überglücklich. Ganz abgesehen davon, dass sie nicht aus ihren Klamotten herauswachsen und es ihnen völlig egal ist, welche teuren Marken ihre Freunde gerade tragen.

Man braucht auch keine Dreiviertelstunde, um einen Hund zum Spazierengehen fertig zu machen. Hunde lügen nicht und machen ihr Mittagsschläfchen absolut freiwillig.

Sie hören zu, wenn man mit ihnen spricht und reden nicht dagegen. Mit etwas Geschick hat man sie in ein bis zwei Wochen, nachdem man sie ins Haus geholt hat, völlig stubenrein. Die Welpenschule kostet alles in allem nicht viel mehr als 100 Euro. Sie bleiben ihr Leben lang putzig. Sie rufen nicht um zwei Uhr früh an und wollen von der Disko abgeholt werden.

Und das Beste: Wenn sie missraten sind, dann liegt es definitiv nicht an meinen Genen!

Orac

SEITENSPRUNG:
JEDER TUT ES, ALLE LEIDEN

Harald Koisser
Eugen Maria Schulak

**Wenn Eros uns
den Kopf verdreht**

Philosophisches
zum Seitensprung

224 Seiten
Format 13,5 x 21,5 cm
gebunden mit
Schutzumschlag

ISBN: 3-7015-0480-6
Im Verlag Orac, 2005

Was sagen eigentlich diejenigen dazu, deren Aufgabe es ist, die Welt zu erklären und zu verstehen: die Philosophen? Die Autoren habe die Literatur von Platon bis Kant, von Nietzsche bis Hegel durchforstet. Daraus ist ein faszinierender Einblick in die Philosophie von ungewohnter Seite entstanden.

Ein amüsantes, geistreiches, die Tiefen des Menschen auslotendes Buch, eine Reflexionshilfe, ein Nachschlagewerk für aktiv und passiv Betroffene.

Orac

AUF REISEN
SICH SELBST ENTDECKEN

Susi und Katja
Piroué

Als Single
unterwegs

Vom Vergnügen, mit
sich selbst zu reisen

160 Seiten
Format 13,5 x 21,5 cm
gebunden mit
Schutzumschlag

ISBN: 3-7015-0476-8
Im Verlag Orac, 2005

Zwei Frauen aus zwei Generationen erzählen höchst unterhaltsam und amüsant, was zu bedenken, wofür vorzusorgen ist, wenn eine Reise alleine unternommen wird. Alle schönen, spannenden und manchmal auch ärgerlichen Dinge.

„In dem Buch erzählt Piroué von den Existenzproblemen und Ausbruchsphantasien eines 'Einzelexemplars' in der 'Gesellschaft der Duos und Multis'. Bei ihrer Entdeckung der Langsamkeit und Einsamkeit per Privatauto oder Pedes plädiert die Autorin für Auszeiten, Abstecher und Umwege als den schnellsten Weg zu sich selbst." (FAZ, 29.12.2005)